EUGÈNE HAMELIN

HUISSIER HONORAIRE A CORBEIL

Les Rues de Corbeil

Nouvelles Recherches

CORBEIL

LIBRAIRIE H. XÉMARD

20, RUE NOTRE-DAME, 20

1908

LES RUES

DE CORBEIL

Les Rues de Corbeil .... 1 »
Par poste 1,25

EN PRÉPARATION :

Du même auteur : **Les Antiquités de Corbeil,** par
De La Barre.

EUGÈNE HAMELIN

HUISSIER HONORAIRE A CORBEIL

Les Rues de Corbeil

NOUVELLES RECHERCHES

CORBEIL

LIBRAIRIE H. XÉMARD

20, RUE NOTRE-DAME, 20

1908

A M. R. PHARISIER

DIRECTEUR DE *l'Abeille de Seine-et-Oise*

Mon cher Maître,

Il est bien juste que votre nom soit en tête de ces **Recherches sur les Rues de Corbeil,** *puisque je vous les dois.*

Laissez-moi donc vous renouveler ainsi l'expression de mes meilleurs sentiments.

E. HAMELIN

Janvier 1908.

INTRODUCTION

S'il est certain que la ligne droite est le plus court chemin d'un point à un autre, si l'homme a été, comme il le sera toujours, instinctivement porté, pour se rendre d'un endroit à un autre, à observer cette règle, il est non moins certain que la nature l'a obligé à l'enfreindre souvent. Les vallées, les coteaux, les montagnes et les cours d'eau de toutes sortes l'ont, en effet, forcé de créer des voies qui l'ont singulièrement contraint à se détourner de la ligne la plus courte. A côté des voies sur terre, il y a aussi les voies par eau, qu'on a appelées *des chemins qui marchent*, et, de ceux-là, on ne pouvait songer à éviter la direction.

Les rues et les quais sont des chemins bordés de maisons. Or, si nos anciennes rues ont été établies sur des lignes primitivement fixées, et qui auraient pu quelquefois être mieux choisies, il faut reconnaître qu'en général le tracé existant est ce qu'il devait être. Ainsi sont les voies entre coteaux et vallées.

Dans les premiers temps de la monarchie, on avait bien autre chose à faire qu'à s'occuper des chemins. Aussi quand les voies romaines vinrent à manquer, faute d'entretien, la féodalité avait-elle imaginé les *chemins péageux* sur lesquels les seigneurs permettaient de passer moyennant l'acquit d'une redevance.

Toutefois, il est juste de ne pas oublier que Dagobert et Charlemagne se sont appliqués, par de nombreuses ordonnances, à régler la police des chemins. C'est ainsi que Dagobert avait établi un impôt qui est celui que nous appelons aujourd'hui la *subvention industrielle*; plus tard des lois de 1669 et 1672 fixèrent la largeur du chemin de halage et du contre-halage le long des fleuves et rivières navigables et les droits des personnes qui faisaient flotter leur bois et se servaient conséquemment des *chemins qui marchent* pour le transport de leurs marchandises.

Encore au cours du XVe et XVIe siècles, un voyage de quelques lieues était une entreprise importante et non exempte de dangers.

Durant cette période, la Beauce envoya

une partie de ses produits à Paris en se servant, à partir d'Etampes, de la Juine et de l'Essonne, jusqu'à Corbeil, et ensuite de la Seine; cette navigation avait d'ailleurs existé sous la domination romaine et s'était continuée longtemps après.

Mais revenons aux rues.

Au fur et à mesure du développement de la population, les habitations ont été élevées, par instinct et intérêt, sur les voies les plus fréquentées, les plus propres à entretenir les relations et à les justifier, et dans les endroits où le sol et la situation des lieux pouvaient faire espérer les meilleurs résultats. Puis, de loin en loin, de grandes agglomérations se sont créées et, chose curieuse, à des distances pour ainsi dire égales. Nous ferons remarquer à cet égard qu'il y a, en moyenne, trente lieues de Paris à Orléans, autant d'Orléans à Tours, autant de **Tours** à **Poitiers**, autant de **Poitiers** à Angoulême, et enfin autant d'Angoulême à Bordeaux. Trente lieues de Paris à Amiens, trente lieues de Paris à Rouen (1), ce sont ces agglomérations qui ont légitimé les routes nationales où, dans la tra-

(1) Quand les Romains, brisant la résistance des peuplades gauloises, se furent rendus maîtres des territoires énormes,

versée des villes, la rue qui continue cette route est généralement fort longue. A Etampes, par exemple, ville de 9 000 habitants seulement, la grande route d'Orléans est bordée de maisons sur une longueur de 5 kilomètres. On lui a, fort à propos, donné six dénominations.

L'étude de la dénomination des rues, et c'est là où nous voulons en arriver, présente souvent un grand intérêt par les faits et les noms qu'elle rappelle et les souvenirs qui s'y rattachent. Assurément, en se livrant à cette étude, on ne fait pas de l'histoire générale, mais on y contribue, les noms rappelés étant presque toujours ceux de personnes qui ont rendu des services à leur pays natal et même au pays tout entier.

Il fallait bien, pour qu'on s'y reconnût, que les voies de communication fussent dénommées. En Amérique, paraît-il, elles sont simplement numérotées. En France, sous

où elles étaient dispersées, ils commencèrent par abattre les forêts où le druidisme concentrait encore l'idée nationale, puis à percer de vastes routes. Ces voies militaires étaient jalonnées, à distances égales, de postes, de camps retranchés, destinés à assurer la sécurité des communications, et à servir de refuge aux légions en cas d'alerte. Toutes les grandes cités gauloises furent ainsi réunies entre elles. (M. LEGRAND, *Etampes-Pittoresque.*)

nos anciens rois, les noms des rues étaient souvent bizarres et grossiers. Nous renvoyons, à ce sujet, le lecteur curieux aux historiens de Paris, notamment à Dulaure.

Mais disons que si autrefois les noms de rues étaient ainsi que nous venons de les qualifier, c'est que la dénomination était faite par la population et qu'on ne se gênait point. Ces dénominations venaient du nom des maisons, car beaucoup en portaient un; ils dérivaient aussi des enseignes d'auberges ou d'hôtelleries dont le nombre était considérable; enfin, parfois, le nom était celui du lieu vers lequel conduit la rue, ou encore d'une industrie existante. C'est ainsi que les anciennes rues ont été dénommées et que beaucoup le sont encore, les noms acceptables ayant été maintenus par habitude, sans que l'administration ait songé à imposer une désignation officielle. Actuellement, la dénomination des rues et places est régie par l'art. 68 § 7 de la loi du 5 avril 1884, sur l'administration municipale.

** * **

Nous nous sommes donc livré à des *Recherches sur les rues de Corbeil* et c'est cette étude, déjà publiée au jour le jour, qui fait l'objet du présent volume. Nous en devons l'idée à M. Pharisier, directeur de l'*Abeille*, journal de l'arrondissement de Corbeil qui, après avoir offert gracieusement les colonnes de ce journal, s'est chargé d'éditer ces recherches, ce dont nous lui sommes doublement reconnaissant. Nous ne terminerons pas sur ce point sans exprimer aussi notre reconnaissance aux aimables Corbeillois qui ont bien voulu nous aider de leurs souvenirs et de leurs bibliothèques. Qu'ils reçoivent également nos chaleureux remerciements.

Nous n'avons pas oublié — loin de là — qu'un de nos compatriotes, M. Pinard, avait écrit et publié, en 1852, des *Recherches sur les rues de Corbeil*; mais les changements opérés dans la ville et les augmentations faites (rues disparues et rues nouvelles), ont rendu son travail tout à fait incomplet et nous avons pensé que le nôtre ne manquerait pas d'opportunité, car, du territoire de Corbeil, il ne reste plus que la pièce de terre entre l'allée des Ormes et la digue qui soit en culture, puis les bois et pièces d'eau de MM. Radot et Leblanc, toutes choses dont la disposition ne paraît pas destinée à être changée de sitôt.

Corbeil a un territoire excessivement restreint (209 hectares), tandis que la moyenne des communes de France est de 1 460 hectares : Etampes, dont nous avons déjà parlé a une étendue territoriale de 4 450 hectares, c'est-à-dire de plus de 500 hectares que la la forêt de Sénart.

Quoi qu'il en soit, Corbeil forme avec Essonne un centre industriel et commercial d'une grande importance, qui, joint à la proximité de Paris, en fait une ville attrayante par le site qu'elle occupe, par son activité et la prospérité qui en sont la conséquence.

Corbeil, aujourd'hui ville de 10 000 habitants, est d'origine celtique, ainsi que l'indique son nom formé de deux mots : *Cor beel*, qui signifiaient habitation sacrée. Sa devise est : *Cor bello paceque fidum* (cœur fidèle en guerre comme en paix).

*   *   *

Certes, notre travail n'a pas l'ampleur qu'il aurait pu comporter, mais, outre que nous nous sommes rendu compte de l'insuffisance de nos moyens, nous avons cru qu'il valait mieux moderniser autant que possible nos notices, car à remuer le passé on découvre des choses sur lequelles parfois il est préférable de jeter un voile. Rappelons, au surplus, que telles personnes, tels faits qui sont loués par un historien, sont blâmés par un autre, ce qui justifie trop souvent le propos attribué à Malebranche: « Je ne crois pas plus aux histoires écrites qu'aux historiettes de mon quartier. »

Sans doute, il convient de ne pas prendre cette boutade à la lettre; il faut seulement la considérer comme un avertissement de la prudence qu'on doit apporter dans l'examen et la croyance des faits historiques, si l'on ne veut pas tout au moins s'exposer au reproche adressé à un grand écrivain « d'avoir été juste par distraction. »

Aussi en nous bornant à faire valoir principalement les faits modernes dont chacun peut apprécier les conséquences, avons-nous estimé faire œuvre relativement plus utile à notre cher Corbeil, à nos concitoyens, à qui nous demandons de ne voir dans nos travaux que ce qui y est: *l'effort d'une bonne volonté.*

E. H.

AUX EXCURSIONNISTES

Un avis aux personnes qui, ne connaissant pas la ville, viennent pour la visiter.

Lorsque vous aurez vu Corbeil en détail, n'oubliez pas d'aller en admirer le panorama par l'itinéraire suivant:

Rive droite de la Seine, après la rue du Pont, est la petite place Saint-Léonard. Traversez-là et prenez la route à gauche, encaissée au début dans de hauts murs; c'est la nouvelle montagne de Saint-Germain. Allez jusqu'à la pelouse du château (course, 1 kil.), revenez à Corbeil, au bas de la place Saint-Léonard, à gauche, prenez rue de la Pêcherie et le quai ensuite: c'est la route de Melun. Suivez-la; à 200 mètres environ de la sortie de Corbeil, vous verrez à droite une avenue de tilleuls séculaires bordant le chemin qui conduit au beau village de Saintry. Ne quittez pas la route, suivez entre les terres en culture, à gauche, et le mur à droite de la propriété de Champlâtreux, aujourd'hui à M. Dubonnet, l'industriel parisien bien connu.

Quelques 100 mètres après, parvenu au bout de ce mur, quittez la route, montez à gauche un chemin de terre, dit des Chèvres, parcourez une centaine de mètres, portez vos regards à gauche, vers Paris, et vous aurez la vue de la vallée de la Seine jusqu'au delà de Juvisy. Continuez la voie des Chèvres, elle se termine à un chemin en bon état que vous prendrez à gauche — toujours — et qui vous ramènera à Corbeil sans augmentation de distance, en vous offrant au-devant du parc du château du Perray, à Madame la comtesse Foucher de Careil, la vue raccourcie que vous venez d'admirer et, en outre, sur la gauche, la vue sur la Seine en amont de Corbeil, et enfin, en face, celle de la vallée de l'*Essonne.*

Voilà pour les touristes à pied.

A ceux qui seront en voiture, nous dirons: laissez votre véhicule à l'entrée du chemin des Chèvres et, après vous être rendu compte de la vue en question, reprenez la route comme si vous alliez à Melun. Tournez à gauche au premier chemin, et aux premières maisons, tournez encore à gauche et vous reviendrez à Corbeil en passant, comme les piétons, devant le mur du parc du Perray.

Ne craignez pas de vous égarer, ayant pour ainsi dire, constamment Corbeil sous les yeux; vous n'aurez même pas à demander votre route.

Et il n'est pas un touriste, — pensons-nous — qui ne nous saura gré de lui avoir recommandé et facilité une excursion dont il gardera un agréable souvenir parce que, d'ailleurs, nous n'avançons rien d'exagéré en la signalant comme absolument justifiée.

LES RUES

DE CORBEIL

Elle est située dans le faubourg ; commençant rue Audiffred-Bastide, elle finit à un passage qui va de la rue de Soisy à la rue d'Enfer, en longeant la nouvelle école de filles.

Petite voie fort ancienne devant vraisemblablement son nom au chancelier d'Aligre, qui entra en fonctions sous Louis XIII, avec Richelieu en 1623, et en sortit l'année suivante, ayant désapprouvé un acte de celui-ci (ce d'Aligre était un homme intègre), mais que nous retrouvons sous Louis XIV, en 1667, faisant partie des conseillers du roi, lors des réformes adoptées à cette époque. Né à Chartres en 1592, il fut chancelier à moins de vingt-quatre ans.

Il faut croire qu'à cette époque là :

. . . . aux âmes bien nées,

La chancellerie n'attendait pas

. . . . le nombre des années

Toutefois l'historien qui rapporte le fait ajoute que, bien qu'il ne dût pas cette faveur prématurée à un mérite transcendant, il fut cependant un digne magistrat.

Cette appréciation confirmant celle que nous venons de donner, la ville de Corbeil a eu raison de rappeler le nom d'un honnête homme, et c'en est assez pour que cette appellation de rue d'Aligre soit justifiée.

Un siècle plus tôt, un conseiller à la cour des aides, du nom d'Aligre, aurait été seigneur du domaine de Place à Lisses.

Peut-être ce fief eut-il des censives à Corbeil? M. Pinard le suppose; quoiqu'il en soit, il résulte de toutes les apparences, que cette voie est une des vieilles rues de la ville.

Ajoutons que nous devons à l'obligeance de M. Ingrain, propriétaire actuel de la terre de Place et maire de Lisses, à qui nous nous étions adressé à ce sujet, les renseignements suivants :

On trouve dans d'anciens titres les traces d'un bail emphytéotique de quatre-vingt-dix-neuf ans, par les abbés de Saint-Maur à Hugues Alligret, seigneur de Clichy, et Isabeau de Vienne, sa femme, du domaine de Bois-l'Abbé ou Place et de trois cents arpents de terre en dépendant; ce bail a été fait en avril 1479 ; et d'après des pièces d'un procès postérieur entre Alligret et les abbés de Saint-Maur, Alligret paraît avoir été aussi seigneur de Bois-Challan, terre voisine de Place, et de diverses autres terres.

La supposition de M. Pinard semble donc justifiée, comme il paraît qu'avec le temps Alligret est devenu d'Aligre.

— ALSACE-LORRAINE —

Voie nouvelle dans le quartier de la prairie. Fait suite à la rue Edouard Petit, jusqu'au territoire d'Essonne.

Cette rue, appelée d'abord rue de la Poudrerie, fut débaptisée et reçut le nom d'Alsace-Lorraine.

— CHEMIN D'AMBREVILLE —

Ou chemin de Corbeil à Evry-Petit-Bourg, en longeant le territoire d'Essonne, dans le chantier des Tarterêts sur les deux territoires.

Ce nom, dit M. Pinard, est évidemment celui altéré de Charles Lamberville, l'entrepreneur qui résolut l'ouverture du canal de la Loire à la Seine, dont l'embouchure devait être à Corbeil. On sait que son projet, plusieurs fois repris, a été abandonné au commencement du XIXe siècle.

Cette voie, qui ne servait primitivement que pour l'exploitation des terres labourables, est, par là même, fort ancienne. C'est aujourd'hui un chemin en parfait état, bordé de quelques maisons seulement, qui conduit à Evry-Petit-Bourg, en passant devant la Tuilerie Radot, d'Essonne, et devant trois des beaux châteaux du village d'Evry.

— QUAI DE L'APPORT-PARIS —

Faisant suite au quai Mauzaisse et finissant au territoire d'Essonne.

Il semble bien qu'on devrait dire quai de la Porte-de-Paris, ainsi que le mentionne le cadastre puisqu'il y eut là une porte appelée porte royale, lorsque nos rois venaient visiter Corbeil; mais n'a-t-on pas voulu indiquer par cette dénomination que c'est à cet endroit qu'on apporte plus particulièrement de Paris, d'où le mot Apport-Paris? Relevons cependant qu'à Paris il y avait une rue de ce nom.

C'est sur ce quai, dont le nom se continue sur Essonne, que se trouvent la papeterie des Tarterets et les établissements Decauville, où se font des chargements et des déchargements considérables de marchandises. Il règne là, en effet, sur une longueur de plus d'un kilomètre, une activité constante et peu commune.

Sur le même quai existe le grand magasin, construit en 1767, sur les ordres du gouvernement pour recevoir la réserve des grains et farines destinés à l'approvisionnement de la capitale. Vendu comme propriété nationale, il fut acquis, après diverses transmissions, par M. Darblay jeune. Il est la propriété des Grands-Moulins depuis l'existence de cette société (1881), succédant à MM. Darblay et Béranger.

Ce magasin et le moulin contigu furent incendiés le 30 mai 1892 après une explosion dans la chambre à poussière, dont la cause ne pût être exactement déterminée, mais dont les conséquences furent terribles : seize morts sans compter les blessés. On fut huit jours à éteindre les débris fumants.

Ce malheur produisit une émotion qui se répercuta dans toute la France, et même à l'étranger. Le deuil dans notre contrée fût général ; il nous souvient même que le convoi de l'une des victimes, un ouvrier des plus modestes, a été suivi par des généraux, colonels, commandants et capitaines, passagèrement en mission à Corbeil.

A propos de la recherche des causes de l'incendie, consignons ce que nous disait, à l'époque, le sous-directeur M. Hyenveux : « J'ai toujours été dans les moulins, j'y étais à Saint-Maur avant d'être à Corbeil ; j'ai souvent vu des commencements d'incendie facilement éteints, la poussière sur les planches ne s'enflammant pas aisément. Voici donc ce qui a dû se passer : un ouvrier a surpris un de ses camarades en train de fumer malgré nos défenses formelles, il le lui a reproché, mais en plaisantant ; sans se douter du danger auquel il s'exposait, il a ponctué sa phrase d'un coup de balai rempli de poussière, laquelle par ce fait s'est volatilisée, d'où l'explosion et l'incendie, et comme ces malheureux ont été les premières victimes de la catastrophe, on ne pourra pas être fixé exactement sur ses causes. » Et en effet, l'instruction ouverte à ce sujet demeura sans suites.

Environ deux ans après, un pareil malheur s'est produit en Belgique et les mêmes incertitudes ont existé, le parquet belge ayant demandé et obtenu communication de l'instruction suivie à Corbeil.

Seuls, le magasin et ses dépendances ont été reconstruits, et ce sont des constructions qu'on admire, car tout cela a été rétabli selon les conditions modernes : de la pierre, du ciment et du fer, c'est un bloc fait pour résister aux incendies et aux injures du temps.

— ARCHE —

Dans le quartier Saint-Spire, allant de la rue Saint-Spire au quai Bourgoin.

Rue très ancienne, dénommée autrefois rue *des Connins*, de la rue Saint-Spire à la rue de l'Arquebuse, et de là au quai rue du *Port-Saint-Laurent* et rue du *Donjon*, parce que tout près se trouvait une tour ainsi appelée. Tour détruite par les Espagnols en 1590.

Il y avait dans cette rue une maison appelée *le Donjon*, où aurait demeuré une famille qui florissait aux XIIe et XIIIe siècles : Nautier du Donjon, Béaudoin du Donjon et autres. Ces seigneurs avaient transporté dans leurs armes le Donjon, surmonté d'une pomme, dit l'un, d'une pêche, dit l'autre, peut-être d'un oignon, selon M. Le Paire, à cause de la grande réputation qu'avait autrefois ce légume à Corbeil. Les Chapitres de Saint-Spire et de Notre-Dame de Paris ont été coseigneurs du fief du Donjon. C'était tout récemment un immeuble occupé par un marchand de vin en gros, et ce serait là que le célèbre Abailard aurait établi son école sous Louis-le-Gros.

Mais — point très important, — ce serait là aussi qu'il se serait rencontré avec Héloïse, après l'avoir connue à Paris, et dès qu'on l'eut ravie à sa tendresse. La manière dont ceci est raconté dans certain livre doit trouver place ici, puisque la maison du Donjon aurait été la confidente des pensées des deux jeunes gens.

« Fulbert envoya sa nièce à Corbeil chez Geneviève, avec ordre de ne lui permettre de ne voir personne, « pour des raisons dont, disait-il, il ne « pouvait s'expliquer. » Héloïse avertit Abailard par un billet du lieu où elle était. Il quitta la chaire et la ville de Paris, où il professait, et faisant courir le bruit qu'il allait à Melun, il fut à Corbeil, en déguisé. Il ne lui fut pas malaisé de voir Héloïse, il la fit avertir de son arrivée et elle lui apprit les moyens pour le voir. Il y avait derrière la maison où elle logeait un grand jardin entouré de murailles assez basses pour y pouvoir entrer sans peine. Ce fût là que le docteur eût ordre de se trouver ; elle s'y rendit facilement sous prétexte d'une légère indisposition qui l'obligeait à coucher seule dans une chambre auprès de ce jardin. »

Eh bien, n'en déplaise aux mânes de son auteur, ce récit ne tient pas debout. D'abord tous les ouvrages qui parlent d'Abailard n'en disent pas mot, et puis dans cette aventure le prétexte invoqué par Héloïse pour se rencontrer avec Abailard, ressemble étonnamment à celui dont il est parlé au troisième conte de la cinquième journée du *Décameron*.

Pour nous, ou l'écrivain de la Renaissance a été plagié, ou il a été lui-même plagiaire, car voici l'opinion générale.

Abailard, qui avait appris en Bretagne tout ce qu'il pouvait apprendre, vint à Paris prendre des leçons de Guillaume de Champeaux, le plus fort dialecticien de son temps. Bientôt l'élève eut surpassé le maître, et à l'amitié que celui-ci lui avait vouée succéda la haine la plus vive. Abailard, qui n'avait pas encore vingt-deux ans, se vit contraint de se retirer à Melun, puis à Corbeil, où venait

l'entendre une foule de jeunes gens qui déser-
taient les écoles de Paris.

Pour des raisons de santé, il retourna dans son
pays natal, aux environs de Nantes, et revint à
Paris, deux ans après. C'est à cette époque seulement qu'il connût Héloïse, chez l'oncle de laquelle il avait obtenu de prendre pension.
Fulbert s'aperçut trop tard de son imprudence.
Héloïse et Abailard s'en allèrent dans le pays
de celui-ci.

Voilà des faits précis, qu'une aventure toute
fantaisiste ne peut détruire et c'est pourquoi,
malheureusement pour Corbeil, il n'est pas possible de soutenir qu'Abailard et Héloïse se soient
rencontrés dans nos murs. D'ailleurs, si le fait avait
été reconnu exact, est-ce qu'il ne serait pas invoqué
depuis longtemps ? est-ce que les touristes ne
seraient pas engagés à venir voir la maison du
Donjon ?

A notre époque, ne pas s'intéresser à de pareils
souvenirs et ne pas en tirer avantage, ce serait
impardonnable aux Corbeillois.

Mais si Abailard fut l'un des génies les plus com-
plets qui aient honoré l'humanité, si jamais
savant a joui, pendant sa vie, d'une renommée
supérieure à la sienne, il faut pourtant recon-
naitre, avec les historiens, qu'il est devenu bien
moins célèbre dans la postérité, par sa science,
que par ses amours et ses malheurs, dont l'histoire est la seule du moyen âge, qui soit toute
fraiche encore dans les souvenirs.

— DE L'ARQUEBUSE —

Dans le quartier Saint-Spire, petite rue fort ancienne, allant de la rue de l'Arche à la rue des Fossés, c'était autrefois la *place du jeu de l'arquebuse*, où se trouvait l'hôtel des arquebusiers de Corbeil, qui est aujourd'hui la propriété Morizet.

Ce corps militaire et privilégié, chargé de la défense de nos remparts, défendait en même temps nos foyers et nos autels (*pro aris et focis*).

Licencié par ordre de l'Assemblée nationale, il déposa ses drapeaux dans l'église collégiale Saint-Spire, le 11 juillet 1790, mais ces trophées y restèrent peu de temps, et l'Arquebuse fut vendue comme propriété nationale.

L'hôtel de ville, démoli en 1805, attenait à celui de l'Arquebuse.

M. Delaunay, ancien avoué de Corbeil, officier de l'instruction publique et chevalier de la Légion d'honneur, a écrit sur les Arquebusiers de Corbeil un savant ouvrage, qui a donné lieu — ce qui ne gâte rien — à un chef-d'œuvre typographique sorti des presses de M. Jules Crété, ouvrage dont un exemplaire est à la bibliothèque de la ville. Tous les souvenirs possibles (1) ont été rappelés ou

(1) M. Delaunay a fait don à la bibliothèque de la ville de tous les documents qui lui ont servi pour écrire cet ouvrage. Ces documents ont été reliés et sont à la disposition de ceux qui voudraient les consulter.

reproduits par la plume ou par le dessin et ont donné à cette œuvre un caractère tout spécial par son exactitude et, au surplus, par le désintéressement qui a présidé à sa rédaction, car elle devait coûter chère, et ne point être mise dans le commerce, son prix étant trop élevé, son texte et ses reproductions n'intéressant d'ailleurs pas la masse générale des lecteurs.

— AUDIFFRED-BASTIDE —

Dans le faubourg, commence à la rue du 14-Juillet et finit à la rue de la Poterie.

Ce nom lui a été attribué en souvenir de M. et Mme Audiffred-Bastide, bienfaiteurs de Corbeil. C'est d'abord Mme Audiffred qui a fait don de sa maison rue du 14-Juillet, n° 27, pour l'établissement d'une école maternelle qui devait porter son nom — ce qui a été exécuté — et M. Audiffred ensuite, qui a légué la somme nécessaire pour constituer une rente annuelle de 900 francs, devant être employés à l'entretien des voies publiques de la ville ; n'oublions pas que M. et Mme Audiffred, décédés il y a peu d'années, remettaient, tous les ans, des centaines de francs pour les enfants pauvres du faubourg.

Auparavant elle s'appelait la rue Saint-Jacques, voie très ancienne, en face de l'extrémité de laquelle et dans la rue de la Poterie, existait l'église

Saint-Jacques démolie en 1803. Si, comme le dit M. Pinard, cette église fût construite par les chevaliers du Temple, il ne faut pas oublier non plus que cet ordre fut supprimé au profit des chevaliers de Saint-Jean, et qu'aujourd'hui la ville de Corbeil et ses enfants ont plus à se féliciter des générosités de M. et Mme Audiffred, que des souvenirs de querelles aussi anciennes que regrettables, c'est du moins *l'humble avis* que nous croyons pouvoir exprimer là-dessus.

— BARILLET —

Dans le faubourg, va de la rue du 14-Juillet à la rue Saint-Léonard.

Les règlements obligeaient anciennement chaque profession à habiter les rues affectées à leurs métiers — Les tonneliers de Corbeil ont ils été cantonnés-là ? c'est une supposition admise. Mais comme le nom d'une maison, était souvent donné à une rue et que l'immeuble de M. Beurré, dans lequel il exerce son industrie d'entrepreneur de menuiserie, était autrefois appelé *le Barillet*, il faut admettre aussi que la rue a pu prendre le nom de la maison, les rues du Barillet et de la Pêcherie étant également fort anciennes. C'est d'autant plus admissible que la rue du Barillet s'appelait anciennement la rue *d'En-Haut*.

— RUE ET CHEMIN DU BAS-COUDRAY —

Commence rue Saint-Spire ; il est à l'état de rue du côté gauche jusqu'à l'allée des Ormes. Tout le côté droit est le terrain du champ de foire, ensuite c'est un chemin qui se continue jusqu'au chemin de halage, où il se termine au bout de la digue, entre la Seine et les propriétés Radot et Leblanc : dans cette partie le côté droit du terroir appartient à Essonne, le côté gauche à Corbeil.

C'est par cette voie, très ancienne, qu'on se rend au port des Bas-Vignons, au barrage du Coudray, puis au Bas-Coudray à qui elle doit son nom . Tous ces endroits, ainsi que la digue, sont très fréquentés des promeneurs et des pêcheurs à la ligne.

Le port des Bas-Vignons est une dépendance de la grande papeterie d'Essonne, avec laquelle les communications existent au moyen d'un chemin de fer passant sous la route nationale de Paris à Fontainebleau, par un tunnel de plusieurs centaines de mètres de longueur, le tout établi par MM. Darblay.

Il règne là une activité constante, dans un site d'ailleurs superbe, qui attire et justifie la curiosité du public.

— PETIT PORT DE BERCY —

Dans le faubourg, toute petite rue conduisant de la rue du 14-Juillet à la Seine, où était un port qui devait servir à embarquer le vin. En tout cas, c'est une voie très ancienne, comme toutes celles de ce quartier.

— RUE BESSIN —

Rue tout nouvellement créée en face du champ de foire, allant de la rue du Bas-Coudray au quai Bourgoin.

Ce nom lui a été donné en souvenir de M. Bessin, ancien conseiller d'arrondissement, conseiller municipal de Corbeil, et capitaine de la compagnie des sapeurs-pompiers de cette ville, qui décéda, le 11 juillet 1904, à l'âge quatre-vingt-trois ans.

Né le 11 janvier 1821 à Morangis, canton de Longjumeau, il entra à l'école primaire où il acquit les maigres connaissances qu'elle fournissait à cette époque; mais doué d'une activité et d'une puissance de travail sans égal, il entra chez un métreur vérificateur, où il ne tarda pas à se faire apprécier à sa valeur.

Il devint ensuite architecte, obtint la position

officielle de vérificateur de la ville de Paris, fonctions qu'il occupa pendant vingt ans et qu'il quitta pour prendre sa retraite avec le titre de *réviseur honoraire de la ville.*

Élu conseiller en 1860, il siégea jusqu'en 1887 à l'assemblée communale. A chaque nouvelle consultation du suffrage universel, les électeurs lui renouvelaient son mandat avec un nombre de voix toujours croissant.

Dès son entrée à l'hôtel de ville, M. Bessin y sut prendre une place distinguée; il y apporta sa connaissance pratique des affaires et acquit rapidement une autorité indiscutable.

Il rendit surtout d'incontestables services à l'enseignement primaire, ce qui lui valut sa nomination d'officier d'académie et quelques années plus tard celle d'officier de l'instruction publique.

Entrée à la compagnie des sapeurs-pompiers le 5 novembre 1839, il devenait successivement sergent-major le 19 novembre 1846, sous-lieutenant le 23 septembre 1858, lieutenant le 8 avril 1869, capitaine le 16 août 1881. Il prit sa retraite le 7 novembre 1887, et par application du décret du 1er janvier 1901, l'honorariat lui était conféré le 9 avril de la même année.

Sous son commandement la compagnie des sapeurs-pompiers de Corbeil se fit remarquer par sa bonne tenue, sa discipline et son dévouement, ce qui lui valut, le 9 septembre 1899, la croix de la Légion d'honneur.

Conseiller municipal, conseiller d'arrondissement, capitaine des sapeurs-pompiers, *membre de la délégation cantonale*, administrateur de la caisse d'épargne, ces diverses fonctions ne suffisaient pas encore à son activité : il consacra tout son dévouement à l'œuvre de l'*École spéciale d'architecture*. Aussi le conseil d'administration de cette école lui décerna-t-il le titre d'*administrateur-trésorier honoraire*.

Comme on le voit par cette énumération, M. Bessin, homme d'esprit droit, d'un jugement sûr, très dévoué, bienveillant et le cœur sur la main, remplit dignement sa tâche dans toutes les circonstances. Sa vie privée n'était pas moins recommandable.

Nos édiles ont donc bien fait d'honorer sa mémoire en donnant à une des rues de Corbeil le nom de Bessin.

— DÉS GRANDES-BORDES —

Fait suite à la rue des Petits-Ponts et finit à la limite du territoire de Corbeil, en conduisant à Essonne, où elle se continue sous le nom de rue de Corbeil, c'est le chemin de grande communication n° 68, ou route de Versailles. Cette voie de communication entre ces deux villes doit remonter à leur naissance même. Pendant des siècles, les voitures venant de Paris à Corbeil par la route de Fontainebleau, n'eurent pas d'autre passage, pour accéder de cette route à Corbeil.

Borde est un vieux mot qui signifiait petite ferme, bâtiments et terres grevés du droit de bordelage, en vertu duquel le seigneur percevait une partie des fruits ; de ce mode de location particulièrement en usage dans le Nivernais résultait en outre la preuve que le preneur avait bien compris que les choses louées dépendaient du domaine seigneurial.

Ce nom fut aussi donné à une loge ou cellule, où on isolait un lépreux. Un rituel de 1430 porte, en effet, que « le curé conduira le lépreux en sa borde, comme par manière de procession et lui enjoindra de n'en sortir qu'après sa guérison ».

A l'extrémité de cette rue, a existé un fief. dit de Jérusalem, qui appartenait aux chevaliers Saint-Jean.

— DES PETITES-BORDES —

Parallèle à la rue des Grandes-Bordes, ayant les mêmes points de départ et de terminaison, aussi ancienne qu'elle.

La différence entre les *grandes* et les *petites* vient évidemment de ce que les terres des petites bordes étaient moins étendues que les autres, ce que la configuration des lieux explique bien ; car l'habitation était toujours une borde.

La circulation par la rue des Petites-Bordes était sûrement très restreinte, comparativement à celle de la rue des Grandes-Bordes, rue qu'on était obligé de reprendre pour rejoindre Essonne, lorsqu'on était en voiture, situation qui a été changée, en 1907, par l'ouverture du chemin que M. Darblay, propriétaire de Chantemerle, a fait établir dans son immeuble, en bordure de la rivière, ce qui permet de se rendre de toutes manières des Petites-Bordes à Essonne en suivant par l'avenue de Chantemerle et le chemin.

— DE LA BOUCHERIE —

Dans le quartier Saint-Spire, allant de la rue Saint-Spire à la rue du Charbon-Blanc.

Cette rue dût être habitée principalement par les bouchers, M. Pinard dit en avoir connu jusqu'à trois, et pourtant elle s'est aussi appelée rue des Bûcherons et même des Bûcheries.

Le moulin qui existait dans cette rue et dont l'entrée était sur le quai Bourgoin fut la propriété du chapitre Saint-Spire.

D'après La Barre, historien de Corbeil, la reine Adèle, veuve de Louis VII, à qui ce monarque avait donné le comté de Corbeil en douaire, fit don, à la collégiale de Saint-Spire, de *deux bourgeois bien acquis*, c'est-à-dire du droit de moudre le blé de deux habitants de la ville, privilège qui était alors exclusivement réservé aux moulins banaux du roi ; par la même charte, le chapitre eut le droit d'avoir un âne pour porter la mouture à domicile. Ce don, dit M. Le Paire (1), fut contesté aux religieux par Simon Pazon et Jehan Le Boiteux, fermier des moulins du roi à Corbeil, qui firent saisir l'âne appartenant à Jehan Le Flament, fermier du moulin de MM. de Saint-Spire, ainsi que le sac de farine étant sur le dos du dit âne que menait le dit fermier du moulin à Jehan Dupré, boulanger de l'église.

Il n'apparaît pas que cette contestation ait eu des suites.

La dérivation de l'Essonne, sur laquelle était située cette usine, la municipalité l'a, en 1906, supprimée par mesure sanitaire après entente avec tous les riverains. Le ruisseau de l'Arquebuse subira le même sort, lorsque les ayants droit y consentiront.

— PORT DES BOULANGERS —

Dans le faubourg, à l'entrée de la rue du 14-Juillet, dans la partie qui s'est appelée rue des Boulangers.

Ce port n'est plus qu'une place servant d'accès

(1) *Histoire de la Ville de Corbeil*, par M. J. A. Le Paire, de Lagny. 2 volumes de chacun 500 pages, qui sont à la bibliothèque de la ville où on peut les consulter.

de la rue du 14-Juillet à la Seine, M. Pinard lui a consacré les très intéressantes lignes suivantes :

« Outre les pains faits dans Paris, il en arrivait encore des villages voisins (on sait que le pain de Chilly, village de notre arrondissement a été autrefois en réputation), il en venait jusque de Corbeil par la Seine, et ce genre de commerce avait déjà lieu, pour cette ville, sous saint Louis, comme on le voit par les statuts qu'on donna à cette époque aux boulangers. (*Vie privée des Français*, tome 1ᵉʳ, page 84). La tradition du pays est que le coche d'eau, supprimé en 1812, n'avait été originairement établi que pour faire ce service, une fois par semaine, et c'est au port des Boulangers que le chargement se faisait.

« Au commencement du xviiᵉ siècle, sa destination venant à changer, il ne reçut plus alors que des voyageurs. « Il s'esmeut un grand discord sur le port de Corbeil, pour la voicture des marchandises entre le fermier du *Corbillat* et les autres basteliers » (même historien). Intervint un arrêt du conseil en 1608, en faveur du fermier. Cette citation suffit, il nous semble, pour donner à penser que la rue des Boulangers était exclusivement réservée aux gens de cette profession.

« Gonesse a depuis longtemps accaparé ce genre de commerce, et en est seul en possession de nos jours. Son pain se débite à Paris le mercredi et le samedi de chaque semaine. »

Ainsi, autrefois, les Parisiens attendaient du pain de Corbeil, de Chilly et enfin de Gonesse, qui en avait accaparé le commerce. Ce fait, avec la réputation de Chilly, ne sera pas sans causer quelque surprise. En tout cas nous avons pensé devoir en parler. Ajoutons au surplus, à l'appui du dire de M. Pinard, que d'après une vieille chronique, déjà sous Charlemagne, Gonesse était réputé pour son pain.

Par l'arrêt de 1608, le fermier du Corbillat fût autorisé à charger même toutes sortes de marchandises, tant dans son bateau que dans un autre. Sa voiture par eau s'appelait le bateau corbillard. Villeneuve-Saint-Georges eut le sien.

Du reste, dans les temps passés, comme aujourd'hui (on sait que la batellerie ne paie aucune redevance à l'Etat), la navigation était protégée, le chemin qui marche était reconnu, comme il l'est encore, indispensable à l'intérêt de tous ; en effet, dès avant l'invasion des Francs, il y avait à Paris une société de *marchands de l'eau*, ainsi appelés parce qu'ils faisaient leur principal commerce sur la Seine ; or, l'historien Anquetil, qui rapporte le fait, ajoute que les rois continuèrent de les protéger ; au surplus, nous rappelons que sous Charles VI, tous les moulins qui gênaient la navigation sur la Marne et la Seine, furent détruits par ordre du parlement.

Citons encore quelques particularités relevées par M. Pinard.

« La pêche de Corbeil, au xviie siècle, était reconnue comme étant de *chaire sèche et solide, ne tenant nullement au noyau.*

Les oignons de Corbeil étaient aussi justement vantés ; cette réputation n'était pas nouvelle. Un de nos vieux romanciers, dans un fabliau ayant pour titre *le Forgeron de Creil*, dit proverbialement : *Rouge comme un oignon de Corbeil.* »

Enfin si la Brie et Villededon, hameau tout près de Corbeil, avaient, comme ils ont encore, leurs fromages renommés, Corbeil avait ses raisins.

De son côté, M. Le Paire dit :

« La pêche de Corbeil est citée avec éloge par Champier et Charles Etienne. Rabelais ne l'a pas oubliée et La Framboisière, successivement médecin de Henri IV et de Louis XIII, a écrit :

« La meilleure pêche est celle de Corbeil.

« L'invention des espaliers, vers 1750, détrôna la pêche de Corbeil. »

A propos de la pêche, un poète, M. Eugène de Pradel, aurait, en 1825, improvisé dans nos murs les vers suivants :

> Pour chanter les fruits de ce monde,
> Un Dieu m'a prêté son flambeau,
> J'ai chanté la prune féconde,
> Les raisins de Fontainebleau.
> Doux fruits, que la chaleur colore
> Et les premiers rayons du soleil,
> Qu'avec plaisir, je chante encore,
> *La belle pêche de Corbeil.*

Pâris, d'un jugement sévère,
Jadis, pour Vénus décida.
Et la pomme aux femmes fut chère,
Depuis le jour du mont Ida.
Je rends plus de justice aux femmes,
Et dans ce pays sans pareil,
Je voudrais à toutes ces dames,
Offrir *les pêches de Corbeil.*

Adieu paniers, vendanges sont faites : ils sont partis les oignons et les pêches ; elle est perdue la réputation des raisins de Corbeil, perdue aussi la réputation de son pain, encore bien plus celle de Chilly-Mazarin.

Ainsi passe la gloire.....

— QUAI BOURGOIN. —

Sur la rive gauche de la Seine en amont du pont. Commence à la rue de l'Ombrerie et finit à l'allée des Ormes jusqu'où il a été prolongé. Au xviiie siècle on l'appelait quai Saint-Laurent jusqu'à la rue du Collège, ensuite port Saint-Laurent.

C'était, il y a peu de temps, le quai de l'Instruction (le nom de Bourgoin était donné au quai en aval du pont) et c'est fort à propos que cette dénomination lui a été imposée, puisque c'est là que se trouve l'emplacement du collège que Jacques Bourgoin, enfant de Corbeil, avait fondé et qui a existé jusqu'à la révolution — collège dont les bâtiments donnés par lui à la ville, et destinés depuis sa suppression à l'instruction scolaire, ont dû être considérablement agrandis.

Jacques Bourgoin n'ayant pas, paraît-il, à se louer de sa situation en famille se fit soldat sous le nom de *Corbeil* qu'il prit, c'est le cas de le dire, comme nom de guerre. Après avoir fait une brillante carrière militaire, il revint dans sa ville natale, dont il fut gouverneur, et où il mourut en 1661, âgé de soixante-seize ans. Il avait reçu la sépulture dans l'église de Notre-Dame; après la démolition de cette église son mausolée fut transféré dans l'église Saint-Spire en 1805.

C'est dans le parcours de ce quai, à un endroit appelé *la Croix-Rouge*, autrefois tout à fait au-delà des maisons, que beaucoup d'habitants de Corbeil et des environs vont, durant la belle saison, se livrer au plaisir de la natation. Il y a là comme une petite plage, au sol de gravier fin, en pente douce, qui attire les amateurs de ce genre de sport : en outre, pour mettre les débutants à l'abri de tout danger, l'administration municipale a eu soin de faire placer des barrières indicatrices des limites que ces derniers ne doivent pas franchir, barrières servant en même temps de tremplin aux plongeurs. Aussi dans certaines journées, est-ce par centaines qu'on y compte les baigneurs.

— CALLIET-DUPOND —

Voie nouvelle dans le quartier de la Prairie, allant de la rue Villebois-Mareuil à la rivière l'Essonne : ainsi dénommée en souvenir de Mme Calliet-Dupond, née à Corbeil, décédée le 24 octobre 1895, en léguant 20 000 francs au bureau de bienfaisance ; on devait, donc rappeler — et la ville n'y a pas manqué — le nom de cette charitable dame, une de ses bienfaitrices.

— CAPITAINE-PASQUET —

Voie nouvelle allant de l'avenue du Président-Carnot à la rue de Nagis.

Ce nom lui a été donné pour honorer la mémoire de cet enfant de Corbeil tué à l'ennemi le 6 août 1870, au combat de Wœrth, de ce brave officier, mort au champ d'honneur et qui est un des bienfaiteurs de Corbeil. Le capitaine Pasquet a en effet légué 6 000 francs à l'hospice et 187 francs de rente à la bibliothèque. Ce legs à l'hospice a devancé d'autres dispositions bienveillantes de sa famille, dont il sera parlé dans la notice sur la rue Saint-Spire, où est situé l'hospice.

— CHAMP-D'ÉPREUVES —

Dans le quartier de la Prairie. Va des allées Saint-Jean à la rivière l'Essonne.

Ce nom lui vient de la poudrerie qui existait autrefois dans le terrain du Laminoir — établissement également disparu — où il y avait un champ d'épreuve des poudres.

— PLACE DU CHAMP DE FOIRE —

Grand terrain à l'est et au nord de l'hospice sur lequel se tient la foire annuelle de Corbeil un jour fixe, le 6 septembre.

Cette foire existe depuis l'année 1846; la première affiche l'annonçant porte la date du 15 août 1846, et la signature de M. Magniant, maire.

Il y a quelques années, la municipalité avait pensé qu'un marché franc pouvait réussir à Corbeil. Il n'en a rien été : malgré tous les sacrifices faits, vendeurs et acheteurs ont bientôt cessé de paraître.

Mais il y eut des foires à Corbeil sous l'ancienne monarchie, puisque dans les doléances de cette ville aux États généraux, elle en demandait le rétablissement. Ces foires furent octroyées au profit du chapitre de Notre-Dame de Corbeil, et de Notre-Dame-des-Champs d'Essonne. L'une d'elles se tenait le 29 septembre — c'est celle-là qui a été fixée au 6 septembre, évidemment parce que le 29 est le jour de l'ouverture de la foire Saint-Michel, à Etampes.

Le terrain du champ de foire se trouvant le long du chemin du Bas-Coudray est, l'été, très fréquenté des promeneurs. Des amateurs de jeux, *football* ou autres, s'y livrent à leurs ébats les dimanches et jours de fêtes.

— CHAMPLOUIS —

Une des premières rues créées dans le quartier de la prairie, commence à l'ancien canal de Châteaubourg, la partie de la rue des Petites-Bordes aux allées Saint-Jean existant depuis les allées elles-mêmes. Cette voie conduit de la rue des Petites-Bordes, en traversant la place Salvandy, à l'avenue du Président Carnot, qu'elle rejoint au pont sur l'Essonne.

A l'emplacement de l'entrée du square, entre les allées et la gendarmerie, était le dépôt des vieilles voitures et des débris de toute sorte de la carrosserie Suet — celle de la rue La Fayette. A coup sûr, s'il est arrivé à des Corbeillois, après une longue absence, de voir à cet endroit le square actuel, à la place du dépôt en question, ils se sont écriés : « Que les choses sont changées ! »

Le baron Nau de Champlouis, marié à Mlle Amélie Feray, sœur de M. Ernest Feray, avait été député sous la Restauration, et comme tel avait fait partie des 221.

Sous le règne de Louis-Philippe il fut préfet. Il était en fonctions à Dijon lors de la chute de la royauté.

M. de Champlouis est décédé vers 1856.

C'est dans la rue Champlouis qu'existe l'orphelinat Galignani dû à la munificence de M. William Galignani, seul, qui a donné, pour la construction de cet établissement et pour ses services, trois cent trente-neuf mille sept francs soixante-dix centimes.

L'orphelinat est de 50 lits : 38 pour filles et 12 pour garçons.

— AVENUE DE CHANTEMERLE —

Voie ancienne faisant suite à la rue des Petites-Bordes et finissant en face l'entrée des usines de Chantemerle. Le côté droit de cette avenue appartient au territoire d'Essonne, le côté gauche au territoire de Corbeil.

C'est là qu'existait, sur Essonne, la manufacture de toiles peintes créée par Oberkampf et qu'on appelait l'Indienne.

Cet établissement a été supprimé il y a une vingtaine d'années.

— CHANTEREINE —

Voie ancienne allant des Grandes aux Petites-Bordes. C'était autrefois la ruelle des petites bordes, appelée aussi ruelle des Châles : elle doit son nom au moulin de Chantereine qui existe tout à côté et dont l'entrée est dans les Petites-Bordes. Au xii siècle, Maurice de Sully, évêque de Paris, aurait acquis ce moulin de deux séculiers.

D'où vient ce nom? faut-il le décomposer et en faire le doux et joli non de Chante-reine, comme M. de La Rue dans « Sous Paris, pendant l'invasion, » nous dit que le temps a fait de Chante-mesle, Chante-merle ? Non cette dénomination de chantereine n'est pas spéciale à Corbeil ; on la retrouve dans bien d'autres villes, où elle a la même signification et désigne un endroit marécageux, habité par les grenouilles qui y chantent leur éternelle chanson ; comme grenouille vient du latin *rana* et que dans les provinces la grenouille est encore appelée reine, chantereine veut dire chant de grenouille.

— CHARBON-BLANC —

Toute petite rue, fort ancienne, allant de la rue Saint-Spire à la rue du Collège. Son nom lui

vient évidemment de l'habitude qu'on avait autrefois de donner des noms bizarres aux rues.
Celui-ci, pouvant être accepté, n'a pas été modifié ;
mais à Paris, il y avait la rue *pavée d'andouilles* :
ses habitants ont obtenu non seulement que ce
nom soit changé, mais que le souvenir de la
première dénomination disparaisse, pour que, par
dérision, on ne la leur jette pas constamment à
la face.

— CHEVALIERS-SAINT-JEAN —

Fait suite à la rue Edouard-Petit, quartier de
la prairie, jusqu'au territoire d'Essonne qu'elle
emprunte en partie pour finir au rond-point de
Chantemerle.

L'ordre de *Saint-Jean de Jérusalem* fondé
en 1099 était un ordre religieux et militaire de
frères hospitaliers qui prirent ensuite le nom de
chevaliers. Ils prononcèrent les vœux religieux
et s'engagèrent à recevoir les pèlerins, à pour-
voir à tous leurs besoins et à les soigner pendant
leurs maladies.

Après la prise de Jérusalem par Saladin, ils se
rendirent dans l'île de Chypre, puis à Rhodes,
où ils s'établirent sous le nom de *Chevaliers de
Rhodes ;* après ils allèrent habiter l'île de Malte,
que leur avait cédée Charles-Quint, et portèrent
le nom de *Chevaliers de Malte* — à Corbeil ils
prirent celui de *Chevaliers de Saint-Jean*.

Leur commanderie de Corbeil était dans une île entourée par la rivière l'Essonne, d'où le nom de *Chevaliers de Saint-Jean-en-l'Isle.*

La reine Isburge, seconde femme de Philippe-Auguste, qui vint habiter Corbeil faisant partie de son douaire, et mourut en 1236, fut enterrée dans leur église, affectée aujourd'hui à un musée appelé le musée Saint-Jean, rue Widmer. Dans son tombeau violé et détruit à la révolution, on trouva une quenouille et une couronne en cuivre doré.

Lors des croisades, les Hospitaliers marchèrent avec les Templiers, la main dans la main, formant chacun à leur tour l'avant et l'arrière-garde, bien que les Hospitaliers n'eussent pas, comme les Templiers, pour règle unique, l'exil et la guerre.

« Allez, heureux, avait dit saint Bernard à ces derniers, chassez d'un cœur intrépide les ennemis de la croix du Christ ; acceptez le combat, fut-ce d'un seul contre trois ; ne demandez jamais quartier ; ne donnez point de rançon, *pas un pan de mur, pas un pouce de terre.* » Huit siècles plus tard, nous devions nous servir de cette phrase, non moins inutilement que le fondateur de l'abbaye de Clairvaux.

Comment expliquer qu'après le procès inique des Templiers, on ait songé à accuser les Hospitaliers d'avoir réclamé l'abolition de cet ordre ?

Les uns et les autres étaient riches : les Templiers, pourvus de grands privilèges, possesseurs même de places fortes, alliés d'un grand nombre de familles nobles, hommes de mœurs rudes, austères, avaient refusé d'accepter Philippe-le-Bel dans leur ordre. Ceux d'Angleterre avaient osé dire à Henri III : « Vous serez roi, tant que vous serez juste. » Bref, l'orgueil devait les perdre ; non seulement le pape, affilié à eux, ne put les sauver, mais il supprima l'ordre.

La perte de ces moines soldats était d'ailleurs décidée : leur puissance et leurs richesses, que la royauté convoitait, avaient pris de telles proportions qu'au dire d'un historien, s'ils s'étaient unis aux Hospitaliers, aucun roi du monde n'eût pu leur résister.

Les Hospitaliers, heureusement pour eux, étaient plus souples, plus humbles, et c'est ce qui leur valut d'abord d'éviter la persécution dont ils auraient pu être l'objet après les Templiers, car avec la torture, que ne pouvait-on faire avouer ? et ensuite de profiter de l'abolition de ces moines, en bénéficiant d'une partie de leur avoir, si toutefois ils en tirèrent avantage, chose demeurée incertaine, le roi n'ayant pas manqué de les accabler de charges.

En tous cas, ce serait bien à la suite de ces événements que les propriétés des Templiers dans le faubourg Saint-Jacques, à Corbeil (voir rue du Paradis), auraient passé dans les mains des Hospitaliers, dont l'ordre, devenu celui des chevaliers de Saint Jean, fut seulement supprimé à la révolution.

— CHEVALLIER —

Rue tout nouvellement créée en face le champ de foire, allant de la rue du Bas-Coudray au quai Bourgoin.

M. Chevallier, décédé en 1854, était propriétaire de la ferme ayant existé rue Saint-Spire, n° 95.

C'est aujourd'hui l'habitation de M. Chachignon, conseiller municipal. M. Chevallier fut lui-même conseiller municipal pendant un certain nombre d'années et à ce titre, comme à bien d'autres, il ne laissa que de bons souvenirs.

En offrant le sol de cette rue et celui de la rue Bessin à la ville — sol ayant fait partie des terres de cette ferme — ses représentants ont demandé que son nom fût donné à l'une de ces rues, ce que nos édiles ont accepté.

La louable intention des uns ne pouvait être que respectée ; aussi tout le monde a-t-il approuvé la décision des autres.

— CIMETIÈRE —

Dans le quartier des Tarterêts, faisant suite à la rue La Fayette, allant du pont sous la ligne du chemin de fer, au chemin d'Ambreville, ou de Corbeil à Evry.

Voie ouverte pour partie, en 1863, lors de l'établissement de la ligne de Corbeil à Montargis. Avant, on se rendait au cimetière par un chemin qui commençait rue des Grandes-Bordes, au delà de l'ancienne gare. C'est le long de ce chemin qu'avait été édifié le temple protestant, qui a été reconstruit avenue du Président-Carnot.

— COLLÈGE —

Dans le quartier Saint-Spire, allant de l'impasse du Collège au quai Bourgoin. C'était, il y a peu de temps encore, la rue de l'Egout (voir impasse du Collège).

Ces toutes petites voies sont évidemment fort anciennes.

— IMPASSE DU COLLÈGE —

Dans le quartier Saint-Spire, allant de la rue de l'Arche aux bâtiments donnés par Jacques Bourgoin (actuellement école communale des garçons), pour la fondation de son collège, dont il est parlé au quai qui porte son nom — le contrat de la dite fondation, passé devant Barré et Tarterêt, notaires à Corbeil, le 30 janvier 1656. Ce nom de Tarterêt implique que les terres, dans le champtier des Tarterêts de Corbeil, auraient appartenu à ce notaire ou à sa famille, du moins est-on autorisé à le supposer.

Avant, c'était la rue du Collège, qui s'était appelée anciennement, de la rue de l'Arche à la rue actuelle du Collège, rue du Croissant et, au-delà, rue des Étuves et rue de la Triperie. Il y avait donc trois dénominations pour quelques mètres de terrain.

— COMMANDERIE —

Dans le quartier de la prairie : voie nouvelle commençant à l'avenue du Président-Carnot et aboutissant en face l'entrée de l'ancienne église des chevaliers Saint-Jean qui eurent là une commanderie, c'est-à-dire une subdivision de leur grand prieuré, depuis le xııᵉ siècle jusqu'à la révolution.

Les bâtiments qui composaient cette commanderie étaient d'une certaine importance. Enfermés dans un grand clos, ils comprenaient l'église, le cloître, les chambres des religieux, la maison du prieuré et un très grand bâtiment appelé le Palais, où habitait le grand prieur lorsqu'il venait à Corbeil, et où se tenait le grand chapitre. Henri IV y reçut les notables de Corbeil le 1ᵉʳ avril 1590, et on montra longtemps un lit d'étoffe écarlate sur lequel il coucha et où coucha plus tard Jacques II, roi d'Angleterre.

Avant de s'appeler commanderies ces prieurés étaient les préceptoreries. On crut devoir changer de nom ; on avait à se plaindre d'abus commis par les chevaliers chargés de l'encaissement des revenus dont ils s'attribuaient la plus grande partie, mais l'humanité ne change pas aussi facilement, et les abus continuèrent leur train.

Les chevaliers de Saint-Jean avaient songé à chauffer leur église. Un petit chariot établi à cet effet a été retrouvé, en 1836, par M. Ernest Feray qui à la vue de cet objet, s'écria : Qu'est-ce... ça ? — Ça, Monsieur, dit un ouvrier maçon, c'est le chariot avec lequel on chauffait l'église durant l'hiver. Et après examen M. Feray reconnut que les chevaliers avaient imaginé ce que nous appellerions aujourd'hui un *brasero roulant*.

Si l'ordre de ces moines était représenté à Corbeil avant l'arrivée de la reine Isburge, il semble bien que cette reine fut pourtant la fondatrice de la commanderie de Saint-Jean.

— BOULEVARD CRÉTÉ —

De création toute récente (1907), dans le centre de la ville, commence à la rue des Petits-Ponts et finit aux allées Saint-Jean.

Lorsqu'en 1827, M. Crété Louis-Simon achetait l'imprimerie de Mme veuve Gelée, installée d'abord dans la rue de la Poterie, puis dans l'impasse Notre-Dame, appelée depuis la création du quai, en 1840, rue Neuve-Notre-Dame, qui aurait prévu — lui-même ne pouvait s'en douter, il était clerc de notaire — que par sa ténacité, son énergie au travail, son esprit fait pour la lutte, bien qu'il fut le plus placide des hommes, il allait poser les bases d'un établissement qui deviendrait, dans son genre, un des plus grands de France.

M. Crété ne pouvant rester dans l'impasse Notre-Dame vint s'installer rue des Petites-Bordes, où le succès couronna ses efforts. Son industrie continuée et agrandie par son fils Jules, mort prématurément, est aujourd'hui aux mains de son petit-fils Edouard, qui l'a aussi augmentée et dotée, en outre, de tous les perfectionnements nécessaires.

Enfin cette imprimerie, dont l'origine remonte à 1794, et dans laquelle L.-S. Crété travaillait vraisemblablement seul en 1827, occupe aujourd'hui plus de 700 ouvriers, et c'est dans cette maison que l'*Abeille de Seine-et-Oise* est imprimée depuis sa fondation, c'est-à-dire depuis quatre-vingt-dix-huit ans.

— CULLION —

Dans le quartier de la prairie, allant, en angle droit, de la rue de la Barre à la rue Champlouis.

M. Lallemand de Cullion, ancien élève de l'école polytechnique, décoré en 1814 sur le champ de bataille à la défense de Paris, fut sous-préfet de Corbeil depuis 1833 jusqu'à la chute de la royauté. C'était un administrateur habile et aimable, qui ne laissa que de bons souvenirs.

— AVENUE DARBLAY —

Dans le quartier de la gare — allant de la rue des Grandes-Bordes à la place de la Gare — voie établie, en 1863, lors de la construction du chemin de fer de Paris à Montargis par Malesherbes.

Ce nom lui a été donné en souvenir de M. Darblay jeune, meunier à Corbeil, châtelain de Saint-Germain, député au corps législatif sous l'Empire.

C'est à M. Darblay jeune d'abord et ensuite à son fils M. P. Darblay qu'est dû le développement de la grande industrie meunière en France.

Les moulins de Corbeil, connus du monde entier, ont donné au nom de Darblay et à notre cité une renommée universelle.

Lors de la transformation de cette industrie par la substitution des broyeurs aux meules, M. P. Darblay la quitta, pour émigrer — oh! pas bien loin — à Essonne où il prit la direction de la papeterie dont il a fait, pour le plus grand bien d'Essonne, de Corbeil et des environs, l'une des premières usines de France en ce genre, disons plus, et hautement, parce que notre pays à le droit d'en être fier, la première de toutes, et rappelons que, lors de la mise en vente de cette papeterie, un grand manufacturier de l'Est, l'avait acquise pour la démolir et supprimer ainsi une concurrence.

Alors intervint M. P. Darblay qui mit une surenchère, resta adjudicataire définitif, et conserva à notre contrée industrielle cet établissement, dont l'importance est aujourd'hui unique dans le monde.

La ville de Corbeil, en honorant le nom de Darblay comme elle vient d'honorer le nom de Crété, s'est honorée elle-même.

Chose remarquable qui mérite d'être relevée : des industries existant à Corbeil, deux ont particulièrement grandi, la meunerie qui pourvoit aux besoins du corps, et l'imprimerie aux besoins de l'esprit.

— ÉDOUARD-PETIT. —

Voie nouvelle dans la prairie, allant de l'avenue du Président-Carnot à une fourche où commencent la rue d'Alsace-Lorraine et celle des Chevaliers Saint-Jean.

Le Dr Edouard Petit, médecin à Corbeil, ancien maire de la ville, périt ainsi que sa femme et son fils — aussi docteur — victime de l'épidémie cholérique de 1849. M. Petit était l'oncle du Dr Paul Boucher, médecin, depuis trente-cinq ans, de l'hospice de Corbeil. Il le fut lui-même pendant quarante-quatre ans, ce qui prouve assez que le dévouement professionnel est de tradition dans cette famille.

— ENFER —

Commence rue Audiffred-Bastide et finit à la rue du Paradis (voir la notice sur cette rue).

M. Pinard est d'avis que ce nom lui a été donné par opposition à celui de Paradis, et il ajoute : « Comme elle est peu habitée, peut-être est-ce par crainte des voleurs, qui pourraient y détrousser les passants, qu'elle a été ainsi appelée. »

Non, la rue d'Enfer est ainsi dénommée parce qu'elle conduisait à la partie du cimetière, qui existait alors dans la paroisse Saint-Jacques, où l'on enterrait les juifs, les protestants, les suicidés, en un mot tous les réprouvés qui n'étaient pas admis en terre sainte.

— ESSONNE. —

Voie de très peu d'étendue, dans le quartier de la gare, allant de la rue de la Gare à la rue des Grandes-Bordes, et créée en même temps qu'elle.

— QUAI DE L'ESSONNE. —

Voie en formation, dans le quartier de la prairie, allant de l'avenue du Président-Carnot jusqu'à la passerelle permettant d'accéder à la rue Saint-Spire.

— ÉTUVES —

Cette voie, dans le faubourg, allant de la rue du 14-Juillet à la rue Saint-Léonard, est évidemment très ancienne, ainsi que sa dénomination le prouve, puisque du moyen âge au xvııe siècle, les mots *étuves, étuvistes* étaient donnés aux bains et à ceux qui en faisaient le service : toutefois elle porta le nom de rue de la Tixeranderie.

Le mot *étuve* vient, paraît-il, d'une expression de basse latinité qui voulait dire *nettoiement du corps avec de l'eau chaude*. Le but principal de l'usage des bains fût, à une époque, de se mettre à l'abri de la lèpre.

A Paris, les étuves étaient si nombreuses qu'on ne pouvait faire un pas sans en rencontrer, et de tels abus se produisirent qu'une ordonnance de 1478 défendit :

« Qu'aucuns *estuveurs* qui tient ou tiendra *estuves* à hommes, ne pourra faire chauffer icelles *estuves* pour femmes ; ne au contraire celui qui en tiendra pour femmes, etc. »

Il y eut donc des étuves à Corbeil, et M. Pinard dit qu'à côté des étuves, il y avait un jeu de paume, où les baigneurs s'exerçaient avant de se mettre au bain.

Au xvıe siècle, les barbiers devinrent *barbiers étuvistes* et formèrent une corporation. C'est à partir de ce moment qu'on cessa d'aller aux étuves pour se rendre aux maisons de bains, moins deshonnêtes, car là aussi les choses laissaient à désirer, ce qui ne surprendra pas, étant donnés les mœurs du temps.

Quel dommage que Figaro n'ait pas été barbier étuviste, il aurait eu là encore une belle occasion d'exercer sa verve mordante !

Les abus signalés en France avaient d'ailleurs existé à Rome, où plusieurs empereurs durent prendre des ordonnances dont celle de 1478 ne fût pour ainsi dire que la reproduction.

Chez les Perses, les bains entraînaient une magnificence telle qu'Alexandre, entrant dans les bains de Darius, s'écria : « Est-ce au sein d'une telle mollesse qu'on peut commander aux hommes? »

Sûrement les bains de la rue des Étuves n'ont jamais rien eu de cette magnificence, ni de celle des thermes des Romains ; mais il est vraisemblable qu'ils eurent les mêmes désavantages, qu'on avait pourtant point redouté à Sparte, où dans les bains publics, assez vastes pour qu'on pût y nager à l'aise, les deux sexes s'exerçaient ensemble à la natation.

En France, les étuves étaient soumises, au point de vue sanitaire, à des ordonnances de police qui témoignaient de la sollicitude des magistrats pour la santé publique. En effet, en temps d'épidémie, les étuves étaient fermées, et les bains interdits, de crainte que parmi les baigneurs, il ne se trouvât quelqu'un qui, ayant une disposition prochaine à la contagion, ne transmît à l'eau, par la transpiration, la quantité maligne qui se communiquerait à d'autres (Ordonnances du prévôt et du parlement de Paris, du xvi° siècle).

Car si la police était moins perfectionnée qu'au

jourd'hui, de nombreuses précautions étaient ordonnées : ainsi lorsqu'une maladie épidémique se déclarait, le principal magistrat de la province en donnait avis au procureur général du parlement ; celui-ci obtenait un arrêt instituant un conseil de santé et enjoignait aux conseils de santé de se concerter afin d'établir une espèce de blocus « pour empêcher que personne n'en pût sortir, ni traverser les lieux sains, avant que de s'être fait parfumer, et d'avoir accompli une quarantaine. »

Les avertissements obligatoires et les mesures de désinfection modernes ne sont donc que la réédition de ces anciennes ordonnances.

— ÉVRY —

Dans le quartier de l'Apport-Paris. Commence au quai de l'Apport-Paris. Le côté droit est du territoire d'Essonne, le côté gauche de Corbeil jusqu'à l'usine à gaz ; et conduit effectivement à Évry-Petit-Bourg, par les Tarterêts.

L'usine à gaz fut créée en 1841 pour fournir l'éclairage de la gare du chemin de fer, mais nos édiles de l'époque ne tardèrent pas à en faire profiter la ville et les habitants, et c'est ainsi que Corbeil fût, comme petite ville de province, une des premières à profiter et du chemin de fer et de l'éclairage au gaz.

— FERAY —

Allant de la place du Marché à Essonne.

En souvenir de M. Ernest Feray, petit-fils d'Oberkampf, filateur à Essonne et à Corbeil (rue du Paradis), ancien maire d'Essonne, conseiller général du canton, député à l'assemblée nationale et sénateur de Seine-et-Oise.

Faire la notice de cette rue, c'est faire l'histoire du quartier de la prairie, c'est-à-dire du Corbeil moderne. Qu'on ne s'étonne donc pas si nous nous étendons sur cette voie.

Avant 1860, la rue des Remparts et la rivière qu'elle longe fermaient notre ville de ce côté. Entre la rivière et le parc de Chantemerle existait une grande prairie qui ne servait qu'à la pâture des animaux ; du côté des allées Saint-Jean elle était bornée par l'ancien canal de Châteaubourg.

Corbeil commençait à avoir besoin de s'agrandir et on se rendait compte des avantages de la proximité d'une gare. La prairie n'était pas éloignée de Corbeil : mais, d'une part, on ne pouvait y accéder, aucun pont n'existait pour passer l'Essonne et d'autre part, à quoi bon y penser ? La prairie serait inhabitable, tous les jours, matin et soir, un brouillard épais, nauséabond, y planant. Ce serait vraiment faire œuvre inhumaine que de jeter un pont sur la rivière et d'ouvrir des voies de communication dans ce terrain humide, bon seulement pour les animaux ; en un mot, on allait dépenser de l'argent pour engager les gens à aller mourir des fièvres dans ce vilain quartier.

Cependant la municipalité présidée par M. Paul Darblay ouvrit des négociations et s'entendit avec M. Feray, propriétaire du domaine de Chante-merle et de la prairie dite de Saint-Jean ; à coup sûr la municipalité était édifiée : elle savait que, au fur et à mesure de la création des rues, les maisons seraient construites, les jardins seraient plantés, le brouillard cesserait de parai-tre, mais il fallait faire comprendre cela à des sourds qui ne voulaient pas entendre, et ce n'était pas facile (1). Ce fut même impossible. Pourtant la majorité du conseil municipal suivit la municipalité, et le pont Feray ayant été jeté sur la rivière, la prairie fut ouverte ; on compta tout de suite quatre maisons : la maison Gourdet (le café du Théâtre), la maison Parmentier (l'épi-cerie Favory), les maisons Devouges et Barthélemy ; ensuite à la place Salvandy, l'hôtel de la Caisse

(1) Chicago, une des villes les plus florissantes de l'A-mérique, a été construite dans une prairie des bords du lac Michigan. En 1830, il y avait douze habitants ; en 1836, quatre mille, aujourd'hui, ils sont plus de deux millions.

Cette prairie était vaseuse ; une heure de pluie la con-vertissait en un lac de boue et une heure de soleil en un dé-sert de poussière ; aussi loin que la vue pouvait s'étendre sur ce qui est maintenant le quartier le plus élégant de la ville et les plus gracieux faubourgs, on n'apercevait qu'une immense flaque d'eau.

La prairie Saint-Jean n'étant pas dans des conditions aussi défavorables, on avait raison de soutenir qu'on pou-vait en faire un quartier parfaitement agréable à habiter.

d'épargne, puis deux ou trois constructions éloignées les unes des autres, aux bords de chemins, simplement tracés, c'est-à-dire impraticables.

Arrivent les événements de 1870 : tout est suspendu. Ce n'est qu'à partir de 1875 que les choses reprennent, qu'on se remet à faire construire. Mais il restait une certaine partie de la prairie, dont le lotissement était à faire. De nouvelles négociations s'engagent à ce sujet entre M. Feray et la nouvelle municipalité, elles n'aboutissent pas à une entente.

C'est seulement après le décès de M. Feray en 1892, que, M. P. Darblay s'étant rendu acquéreur du domaine de Chantemerle et ayant conservé seulement le château et les bâtiments industriels, le parc et toute la prairie furent lotis. Le nouveau propriétaire ayant immédiatement fait établir des ponts et des chaussées, en peu de temps, dans ce qu'il convient d'appeler la seconde phase de la création du quartier de la prairie, les résultats dépassèrent toutes les espérances, le lotissement ayant porté également sur toute la partie de la prairie et du parc dépendant du territoire d'Essonne ; il s'éleva là, en effet, toute une nouvelle ville et les agglomérations de Corbeil et d'Essonne, désormais réunies, augmentèrent considérablement.

Voilà comment la jonction de Corbeil avec Essonne s'est faite par la rue Feray, qui va d'une ville à l'autre, car si à Essonne, on l'appelle rue Ernest Feray, c'est toujours la même voie de communication, laquelle devait avoir, et a eu effectivement pour les deux pays les meilleures conséquences.

Ces conséquences, on les prévoyait il y a déjà plus d'un siècle. « A cette époque, dit M. Pinard, rien ne s'opposait à l'exécution d'un projet qui devait puissamment contribuer à l'accroissement et à l'embellissement de la cité et du bourg qui lui est contigu. On agita la question d'ouvrir une large chaussée dans l'axe du pont jeté sur le fleuve. Elle devait traverser la prairie de Saint-Jean, l'enclos de l'ancienne commanderie de Malte du même nom, et le domaine appelé Chantemerle, pour arriver à Essonne. Ce projet a été malheureusement abandonné, aussitôt que conçu. On le reprit en 1841 : la famille Feray, en possession de toutes ces propriétés, allait consentir son exécution, lorsque survint le décès de Mme Feray, née Oberkampf. Des obstacles l'ont rendu désormais impossible. Cette voie a été figurée sur le plan d'alignement de Corbeil, elle est teintée en rouge. »

Non, ce n'était pas impossible, mais on peut dire que ce projet eût donné de décevants résultats, la situation économique de la France étant loin d'être dans l'état prospère, qu'elle a atteint au cours de la seconde moitié du XIX° siècle ; prospérité dont certains économistes ne préconisent pas la continuation. Il fallait donc le concours des circonstances rappelées pour réussir la réunion des deux villes.

Avant cette jonction directe, raccourcie, facile, les rapports entre Corbeil et Essonne avaient lieu par la rue de Gournay, par les Bordes et par un sentier le long de la rivière. Aujourd'hui c'est par la rue Feray qu'ils s'établissent plus spéciale-ment ; or, le dimanche, de trois heures à sept heures, il passe rue Feray — allants et venants — de quinze cents à deux mille personnes à l'heure. On peut ainsi se rendre compte de la circulation qui existe dans cette rue, dont l'établissement, prévu depuis si longtemps, devait aussi bien pro-fiter à Essonne qu'à Corbeil.

C'est dans la rue Feray, à droite après le pont, qu'existe l'école laïque des filles, pour laquelle MM. Galignani ont versé *cent soixante-seize mille deux cent vingt-six francs, cinquante cinq cen-mes.*

Etant donnés les nombreux services rendus par M. Feray à la population d'Essonne et à une partie de la population de Corbeil durant sa longue existence (il est décédé âgé de quatre-vingt-sept ans), qu'il soit permis de se faire l'écho d'un vœu, déjà exprimé, croyons-nous, de voir reproduits sur le marbre, ou par le bronze, les traits de l'homme dévoué et désintéressé qu'il était.

Il y aurait ingratitude à ne pas mentionner ici le nom de M. Léon Feray, son fils, qui fut son collaborateur dans son industrie.

M. Léon Feray, devenu notre concitoyen, donne, depuis plusieurs années, et dans des conditions avantageuses pour la ville, et depuis trois ans, à titre gracieux, son concours à notre municipalité, pour tout ce qui concerne l'élévation et la distribution des eaux de la ville : pour ce motif il convient de le remercier publiquement, puisque d'ailleurs nous nous attachons à parler de toutes les personnes qui ont rendu ou rendent des services à notre cité.

C'est dans cette même rue, où il demeurait, qu'est décédé, en 1903, notre compatriote Jules Lemaire, littérateur et poète, auteur des *Veillées de Corbeil*, du *Gros Péché de l'abbé Millet* et de diverses brochures, le tout inspiré de la plus saine morale, et de poésies dont un certain nombre a paru dans l'*Abeille*. Ces poésies devaient former deux volumes : mais leur publication est restée à l'état de projet.

Tous ceux qui ont connu notre excellent concitoyen, dont la modestie égalait le mérite, ont conservé le meilleur souvenir de ses qualités de cœur et d'esprit. Et s'il nous était permis d'exprimer un vœu, nous dirions que la ville, dont il a d'ailleurs été conseiller municipal, ferait bien de perpétuer le nom de Jules Lemaire, en donnant ce nom à une de ses rues nouvelles.

Exprimons un autre vœu : celui de voir ses enfants faire un choix de ses poésies et les publier. Il nous semble que cette publication ne serait pas sans succès et que, en tout cas, elle aurait l'avantage de rendre plus cher le souvenir de notre poète.

— FOSSÉS —

Dans le quartier Saint-Spire, fait suite à la rue de l'Arquebuse et finit à la rue Saint-Spire. Elle était appelée autrefois chemin de la porte Saint-Nicolas, où était effectivement cette porte.

Cette voie ancienne est établie au delà du fossé de l'Arquebuse, qui borde les anciens murs encore apparents aujourd'hui dans la propriété de Mme Laroche, et dans les propriétés qui longent ce fossé, de la rue Saint-Spire à la rivière *l'Essonne*, par le passage Vigier.

— FOURS-A-CHAUX —

Dans le quartier de la Pêcherie : commence à la place Saint-Léonard et finit à la rue de la Tuilerie, où elle se continue sous le nom de Montagne du Perray.

Cette rue doit son nom aux fours à chaux qui s'y trouvaient autrefois, et dont on voyait encore des vestiges il y a quelques années.

La rue des Fours-à-Chaux, parallèle à la rue et au quai de la Pêcherie, est aussi ancienne que ces voies, car, en cas d'inondation, c'est par elle que les habitants des hauteurs du Perray et de la plaine peuvent se rendre à Corbeil, comme ils s'y rendent journellement par la rue de la Tuilerie, le quai et la rue de la Pêcherie. C'est aussi, en pareil cas, que par ces hauteurs sont obligés de passer les habitants de Saintry et en général, toutes les personnes utilisant la route de Melun.

— PLACE GALIGNANI. —

Autrefois place Saint-Guenault, à la révolution place d'Armes : au centre de la ville, où se trouvent l'hôtel de ville et les Grands-Moulins.

Ce nom lui a été donné en souvenir de MM. Galignani frères, châtelains d'Etiolles, bienfaiteurs de la ville de Corbeil.

Dans une brochure de trente pages intitulée : « Notes documentées sur la création à Corbeil, par les frères Galignani, d'un hôpital-hospice, d'un orphelinat, d'une école communale de filles et d'une école maternelle », notre sympathique concitoyen M. Ernest Lasnier, ancien receveur des finances, vice-président ordonnateur des hospices de Corbeil, dont le dévouement pour les œuvres de bienfaisance est infatigable, a dressé l'état de toutes les sommes versées par eux en faveur de ces institutions et établi que leur total s'élève à UN MILLION CENT TREIZE MILLE NEUF CENT CINQ FRANCS VINGT-CINQ CENTIMES.

C'est en effet, en quelques années, à partir de

1864, que la ville de Corbeil était l'objet d'aussi larges libéralités dont voici l'origine :

Mme William Galignani, décédée vers 1860, avait exprimé le désir qu'une somme de 150.000 francs fut affectée, en son souvenir, à un établislement de bienfaisance dans le canton de Corbeil ; la digne femme s'était contentée de faire connaître sa généreuse intention, assurée qu'elle était que cela suffisait. — Effectivement son mari tenant à mettre à exécution cette dernière volonté, en parla d'abord à son notaire de Corbeil et son ami, M. Charles Jozon, puis à M. Darblay jeune, vieil ami intime et à son fils, M. Paul Darblay, alors maire de Corbeil, et tous trois firent si bien qu'ils déterminèrent M. W. Galignani à faire profiter la ville de Corbeil de la bienfaisante disposition de Mme W. Galignani : c'est ainsi que MM. W. Galignani et Antoine Galignani, celui-ci se joignant à son frère, en sont arrivés à faire successivement don à la ville de Corbeil de la somme énorme de plus de onze cent mille francs. Si nous disons tout de suite que MM. Galignani étaient d'origine italienne et Mme W. Galignani d'origine anglaise, cela nous permettra d'ajouter en termes très simples qu'il y a de bonnes gens partout.

Et maintenant si par une réserve qui ne surprendra personne, MM. Darblay et Jozon n'ont pas crié par dessus les toits ce qu'ils avaient fait, il convient de dire, dans cette note historique, que c'est grâce à eux si la ville a profité des générosités de MM. Galignani et pu s'embellir des établissements de bienfaisance et d'instruction dus à leur munificence, et que dans la reconnaissance vouée à ce sujet par les habitants de Corbeil, il est juste d'en accorder une part à MM. Darblay et Jozon.

MM. Galignani voulaient faire plus encore pour Corbeil, mais des élections fâcheuses ayant mis hors du conseil municipal M. Jozon et plusieurs amis de MM. Galignani, ceux-ci en furent froissés, la source de leurs libéralités fut tarie et ils portèrent ailleurs leurs bienfaits, en faisant construire à Neuilly, pour les gens de lettres, le grand établissement de retraite qui porte leur nom.

Ceci explique pourquoi l'hôpital de Corbeil n'a pas les revenus qu'il aurait dû avoir en raison de son importance.

Cette reconnaissance pour MM. Galignani devait se manifester publiquement. Un de nos concitoyens, M. Audiffred, dont il est parlé à la rue Audiffred, proposa d'ouvrir une souscription à l'effet d'élever une statue aux frères Galignani, sur une des places de la ville. Il s'inscrivit lui-même pour 1,000 francs, dans les premiers jours de 1883, et au mois d'août 1888, on inaugurait cette statue, œuvre du sculpteur Chapu, érigée dans le square Saint-Guenault, et bientôt sur la place agrandie qui porte leur nom.

C'est sur cette place qui a été de tous temps la principale de la cité, que l'hôtel de ville vient d'être édifié, en bordure du quai Mauzaisse, car, à vrai dire, Corbeil était depuis fort longtemps sans bâtiment municipal digne de ce nom. Ce n'était pas une mairie cette affreuse construction soutenue par des étais, qui existait, il y a cinquante ans, sur la place du Marché, non plus une mairie l'installation dans la maison place Saint-Guenault (aujourd'hui place Galignani), n° 13. Enfin les bâtiments de l'ancienne sous-préfecture étant devenus tout à fait insuffisants, la première pierre du nouvel hôtel de ville en fût posée le 27 mars 1904, et le 8 juillet 1906, eut lieu l'inauguration officielle, en présence de M. Ruau, ministre de l'agriculture, M. Victor Calliet étant maire, et MM. Jarry et Mazouillé, adjoints.

Ce monument confié, après concours, à M. Tavernier, architecte à Paris, et dont la dépense s'est élevée à près de 500 000 francs, paraît bien remplir toutes les conditions recherchées et d'ailleurs nécessaires. Tous les services municipaux, sauf les deux bibliothèques municipale et populaire, sont confortablement installés ; des salles *omnibus* existent dans le sous-sol pour des cours ou réunions corporatives. En outre, il y a une salle d'audience pour le tribunal de commerce et la justice de paix, et une salle pour la chambre de commerce.

On remarque le beau vitrail du grand escalier, offert gracieusement par M. Paul Darblay, ancien maire. Ce vitrail, qui présente une vue de la Seine, du Faubourg et du côteau de Saint-Germain-lès-Corbeil, a été assez critiqué. Disons seulement qu'il a valu à son auteur — M. Labouret — une mention honorable à l'exposition de la Société nationale de peinture et de sculpture. Voir au musée Saint-Jean la maquette de ce vitrail.

L'aspect du monument sur la place est irréprochable, mais non pas sur la Seine ; toutefois ce que la plume ne peut rendre, c'est la vue superbe qu'on a des étages de l'édifice du côté de la Seine sur le fleuve et les côteaux de la rive droite.

A gauche de l'hôtel de ville sont les Grands-Moulins, précédemment exploités par M. Paul Darblay, devenu le grand papetier d'Essonne, et avant lui par son père et son oncle, MM. Darblay aîné et Darblay jeune ; tous deux (Darblay jeune et P. Darblay) eurent pour collaborateur M. Béranger, leur gendre et beau-frère.

Sous l'ancienne monarchie (ils existaient déjà sous Philippe le Bel), c'étaient les moulins banaux du roi ; en 1770, ils furent concédés aux hospices de Paris, qui les aliénèrent vers 1845, à la famille de Noailles ; celle-ci, à son tour, les céda à la famille Darblay.

Sur l'emplacement des moulins avait existé le château royal de Corbeil, il en restait une vieille tour, dite de Louis le Gros, qui n'a pas échappé à la pioche des démolisseurs malgré les protestations d'archéologues corbeillois.

Dans un entrefilet au sujet de cette démolition, l'*Abeille* disait qu'il serait possible de donner une certaine satisfaction aux protestaires, si lors du nivellement de la place Galignani, on délimitait en *paves de couleur* l'emplacement où s'élevait la tour de Louis le Gros. Dans la dernière livraison archéologique de Corbeil nous nous avons été heureux d'apprendre que cette société fera exécuter ce travail conformément aux dires de l'*Abeille* (1).

De l'autre côté des moulins était la place de la halle, place disparue complètement aujourd'hui par suite d'arrangement successivement intervenus entre la ville de Corbeil et M. Paul Darblay d'abord, puis avec la société qui lui a succédé. Cette société vient en effet de couvrir de constructions la place de la halle dénommée depuis un certain nombre d'années place de la République et qui s'était appelée autrefois et pendant bien longtemps place des Sablons, puis place de la Halle, à cause de la gracieuse halle aux blés que l'architecte Viel y bâtit en 1784 ; avant de devenir place de la République, cette jolie promenade, plantée de beaux arbres, avait porté longtemps le nom de place Royale.

C'est là où se tenait, de temps immémorial, la Saint-Spire, fête patronale de Corbeil, où se faisaient les revues, etc., etc.

En échange, la ville a vu la place Galignani

(1) La démolition des anciens Grands Moulins, aujourd'hui achevée, n'a pas justifié les alarmes des archéologues ; il paraît inutile de rappeler *par un parage en couleur* l'existence d'une tour dont il ne restait que la base.

Comme quoi il sera toujours dans la nature de l'homme de se tromper.

s'agrandir, et c'est en exécution de cette dernière convention que tous les anciens grands moulins ont disparu et avec eux la tour Louis le Gros.

De l'aveu de la majorité des habitants, cet arrangement ne peut que profiter à la ville, seulement la société des moulins a eu le grand tort de le proposer après les premiers travaux du nouvel hôtel de ville, ce qui a eu pour conséquence de le maintenir à un endroit qu'il n'occuperait certainement pas, du moins en totalité. Ceci pour qu'il soit bien compris que, si le monument municipal n'est pas dans l'axe de la place, la faute en est aux circonstances, nullement à nos édiles.

Les bâtiments dans lesquels étaient installés en dernier lieu nos services municipaux et qui étaient avant occupés par la sous-préfecture et les services judiciaires, étaient ceux de l'ancienne maison prieurale de Saint-Guenault, dont l'église était tout à côté. Après sa désaffectation cette église servit de prison jusqu'à l'époque où le tribunal civil et la maison d'arrêt furent transférés dans la prairie.

La place Galignani, qui s'appelait place Saint-Guenault, fut, après 1848, appelée place de la Sous-Préfecture ; puis elle reprit le nom de Saint-Guenault. Espérons que les générations futures n'auront pas l'ingratitude de la débaptiser.

C'est sur cette place que se sont faites quelques exécutions de justice. L'échafaud y fut dressé en 1822, souhaitons qu'elle ne soit plus jamais tachée du sang d'aucun coupable.

Parlons à présent tout spécialement des moulins à farine, ceux de Corbeil ayant une réputation universelle.

Les premiers instruments dont on dut se servir pour écraser les grains, furent des pilons et des mortiers de bois et de pierre. L'homme primitif, dit M. Louis Figuier, écrasait le blé sur une pierre plate, un peu inclinée, la farine tombait sur une natte étendue inférieurement.

La Bible fait mention de l'art de moudre le grain, entre deux pierres superposées.

Moïse, en racontant les plaies d'Égypte, fait parler Dieu des meules et des moulins.

Ils étaient alors à bras, portatifs ; chaque ménage avait le sien. Un âne avec des esclaves le faisaient tourner.

Ce travail humiliant était aussi imposé aux prisonniers de guerre et aux citoyens dégradés.

Chez les Égyptiens, les criminels avaient cette charge, et on leur crevait les yeux avant de les mettre au travail.

Samson fut condamné à tourner la meule chez les Philistins, et Plaute, le Molière de Rome, y fut contraint pour quelques plaisanteries.

Les Romains pilèrent également leur blé jusqu'après la conquête d'Asie, et chargèrent de ce soin, les esclaves et les condamnés. Puis des ânes et des chevaux furent occupés à tourner les meules.

Il en était de même chez les Grecs. On lit, en effet dans une édition datée de 1869, des œuvres de La Bruyère — chapitre des Caractères de Théophraste, au titre de la *Rusticité* : « Si quelquefois ils entrent dans leur cuisine, ils mangent avidement tout ce qui s'y trouve ; ils se cachent pour cela de leur servante, *avec qui d'ailleurs ils vont au moulin.*

Or, cette phrase fait l'objet de la note suivante, de l'un des commentateurs : « Le grec dit seulement *à laquelle ils aident à moudre les provisions, pour leurs gens et pour eux-mêmes.* L'expression de La Bruyère, *ils vont au moulin* est un anachronisme ; du temps de Théophraste on n'avait pas encore de moulins communs ; mais on faisait broyer ou moudre le blé, que l'on consommait dans chaque maison, par un esclave, au moyen d'un pilon, ou d'une espèce de moulin à bras. Les moulins n'ont été inventés que du temps d'Auguste, et l'usage du pilon était encore assez général du temps de Pline, » c'est-à-dire au cours du siècle suivant.

Dans les fouilles de l'antiquité romaine, on aurait découvert de ces moulins, composés de deux pierres taillées en forme de cônes tronqués.

On aurait commencé, suivant un écrivain, à faire usage des moulins à Rome, sous Honorius, suivant un autre sous Justinien. Bélisaire, général de Justinien, en avait fait construire aux pieds du mont Janicule, puis sur les bords du Tibre. Vitruve, qui vivait dans le premier siècle de l'ère chrétienne, parle des moulins dans son Traité d'architecture.

De Rome et d'Italie, les moulins à eau passèrent

en France, au commencement de la monarchie. La loi salique en parle. Les Gaulois, affirme un historien, en firent usage.

Toutefois leur développement en France fut lent à se produire, à ce point qu'on a prétendu qu'ils ne commencèrent à se répandre que vers la fin du xvi⁰ siècle. Il n'est pas douteux cependant que dès le xii⁰ des moulins à eau existaient rue de la Boucherie, à Corbeil, et que les moulins sur l'*Essonne* sont à peu près de la même époque (nous verrons plus loin pour les moulins à vent) — mais alors ils étaient plutôt établis sur bateaux, et il y en avait tellement sous Charles VI, sur la Seine et sur la Marne, dans les environs de Paris, qu'on dut en supprimer parce qu'ils interceptaient la navigation.

L'historien Dulaure rapporte qu'en janvier 1280, un débordement de la Seine détruisit tous les ponts de Paris, et que pour conserver le grand pont on crut nécessaire d'en séparer les moulins flottants qui s'y trouvaient attachés ; le 7 mai 1590 l'armée d'Henri IV s'emparant, simultanément et en deux heures, de tous les faubourgs de Paris, brûla entièrement les moulins des environs.

Leur établissement sur les cours d'eau, et souvent au milieu, n'était pas général, puisque des rivières comme la *Juine* et l'*Essonne* furent navigables de 1490 à 1674, comme elles l'avaient été sous la conquête romaine, et longtemps après. Les moulins étaient alors établis de côté, ou sur un petit canal empruntant l'eau de la rivière et la rendant immédiatement. Ces rivières ayant cessé de servir à la navigation, les moulins furent édifiés d'une rive à l'autre, et il ne vint à l'idée de personne de s'en plaindre, l'amélioration industrielle qui en résultait, profitant enfin de compte à tout le monde.

D'après un écrivain déjà cité, et d'après le jurisconsulte dont nous allons donner l'opinion, les *moulins à vent* comme les moulins à eau sont d'origine orientale. Nous en devons l'importation aux croisés, vers 1040 à 1050, et ce fut là, dit l'abbé Rozier, une précieuse découverte pour l'Europe. C'est aussi l'opinion de M. Pinard. « On doit, dit-il, descendre à l'époque de la première croisade, pour fixer le premier usage des moulins à vent, qui nous viennent des Sarrazins du Levant ».

Mais voici qui est plus affirmatif, c'est l'opinion d'un jurisconsulte français ayant une profonde connaissance du droit romain et qui écrivait il y a un siècle :

« Les lois romaines ne contiennent aucune disposition sur les moulins à eau et à vent, parce que cette construction était inconnue aux Romains à l'époque de la rédaction du *Corps de droit civil.* Ce qu'on y trouve sur les moulins ne s'applique qu'aux moulins qui étaient mus par force de bras ou d'animaux.

« L'usage des moulins à eau ne fut connu chez les Romains que depuis Justinien, et à l'égard des *moulins à vent,* ils n'en n'eurent jamais la moindre notion. *C'est une invention qui appartient tout entière aux pays orientaux que la disette d'eau força de recourir au vent.* »

Aussi comme on s'explique bien l'établissement des moulins à vent, dès que l'invention en fut connue, dans la *Beauce* particulièrement, contrée pour laquelle ce fut vraiment une précieuse découverte. D'ailleurs au xiie siècle, lorsque Versailles n'était qu'un petit village, il avait un moulin qui se trouvait sur l'emplacement qu'occupe le château et qui existait encore sous Louis XIV. Un jour le roi montrant les travaux qu'il faisait édifier, dit à un seigneur ; « Vous souvient-il d'avoir vu là un moulin à vent ? — Oui sire, répondit le courtisan, le moulin a disparu, mais le vent est resté. »

M. Louis Figuier prétend dans ses *Merveilles de l'industrie* que cette origine des moulins à vent n'est pas soutenable, parce qu'on ne trouve pas aujourd'hui un moulin à vent dans tout l'Orient. Soutenir qu'une chose n'a pas existé par cette seule raison qu'il n'en reste pas trace, nous parait une manière d'argumenter peu concluante. Des églises de Corbeil, il ne reste absolument rien notamment de *Saint-Guenault* où de *Saint-Léonard*, — et pourtant ces édifices ont existé.

Les moulins sur bateaux étaient portés par deux bateaux liés ensemble. La roue était à aube, et mue par le courant.

Il en existait encore, dans la contrée parisienne, au commencement du dix-neuvième siècle. Lors des inondations de 1808, il ne est venu un de

Melun à Corbeil, où il acheva de se briser contre les piles du pont, et comme on entendait une plainte sortir de l'usine en déroute, vite on organisa un sauvetage, et l'on sauva un.... chat.

Nous ne parlerons pas des Grands-Moulins actuels de Corbeil, de leur construction perfectionnée et toute moderne — étant absolument incompétent — mais nous dirons que nous croyons savoir que Messieurs les administrateurs, se font un plaisir, sur demande, de faire visiter leurs belles usines.

— GALIGNANI —

Dans le quartier de la prairie, commence à la rue Feray et finit au quai de *l'Essonne.* Nom donné en souvenir des frères Galignani (voir place Galignani.)

— GARE. —

Allant de la rue Feray, dans la prairie, à la place de la Gare. Voie achevée définitivement il y a quelques années seulement. Tout le côté droit, vers le nord, de la rue Feray aux allées Saint-Jean qu'elle traverse, est occupé par le mur de la maison d'arrêt.

— PLACE DE LA GARE. —

En forme de demi-cercle, en face de la Gare, des voyageurs, ligne du chemin de fer de Paris à Montargis par Malesherbes, établie en 1863.

Avant, la ligne, dont l'ouverture remonte à 1840, avait sa gare dans l'emplacement actuel de la carosserie Suet, qui était alors à l'encoignure de la rue La Fayette et de la rue des Grandes-Bordes.

Dans l'ordre des dates, la ligne de Paris à Corbeil est la troisième. Elle était exploitée par la Cie d'Orléans qui céda le tronçon de Juvisy à Corbeil à la ligne de Lyon, laquelle fit construire le prolongement rejoignant la grande ligne à Montargis. Depuis la même Cie a fait établir la ligne unissant Corbeil à Melun et Montereau.

La place de la Gare de 1840 et l'avenue qui y conduisait (aujourd'hui l'avenue Darblay) étaient loin d'avoir l'aspect actuel. L'herbe poussait sur la place. Au coin et dans l'avenue, en allant vers le chemin de fer, il y avait seulement, du côté gauche, une construction en planches, c'était le café devenu le café Luche. De l'autre côté, sur la place, il y avait une autre baraque destinée à un débit de liquides, maison peu fréquentée, son propriétaire ne la tenant ouverte que les dimanches et jours de fête. C'était d'ailleurs un minuscule établissement. — Rien de plus — aucune construction autre que la baraque du café, dans l'avenue, d'ailleurs beaucoup plus courte que celle actuelle.

Mais l'entrée des bureaux de la gare était très décorative: il fallait gravir un certain nombre de marches pour y parvenir et elle était précédée d'un superbe péristyle en pierres de tailles. Plusieurs des colonnes ont été employées dans la construction de l'immeuble où existe la marbrerie Carton.

— GAZ —

Dans le quartier de l'Apport-Paris. Petite rue allant de la rue de Seine à la rue d'Evry. Voie ouverte en 1841, lors de la création de l'usine à gaz. Très fréquentée — depuis que les établissements Decauville sont installés tout près de là — par les ouvriers et le public se rendant du côté de la gare à ces établissements.

— PORT DES GENDARMES —

Voie d'accès de la rue de la Pêcherie à la Seine, devant son nom à ce que, paraît-il, la gendarmerie y fut installée autrefois, peut-être même cette ancienne gendarmerie ou ces guerriers affectés au service du roi, des princes, ou des dignitaires. Ce fut un port jusqu'au moment de la création de la Nouvelle-Montagne de Saint-Germain, époque à laquelle on y fit aboutir les égouts des eaux de cette montagne et de celle du Vieux-Marché. Ce n'est plus qu'un emplacement d'ailleurs de peu d'importance, sans destination spéciale.

— GÉNÉRAL LUCOTTE —

Dans le quartier de la Gare — ancienne rue du chemin de fer — conduisant de l'avenue Darblay à la Seine; ouverte vers 1840, lors de l'établissement du chemin de fer.

Frappé des inconvénients que présentait cette dénomination avec celle de la rue de la Gare, le conseil municipal, sur la proposition de M. Louis Cros, un de ses membres, lui fit attribuer le nom de Général Lucotte, en 1894.

Ce général, commandant la place de Corbeil en 1814, refusa de prendre part à la trahison de Marmont. — Dans son ordre du jour à ses troupes du 7 avril 1814, on lit notamment : « Que les braves ne désertent jamais : qu'ils doivent mourir à leur poste : que les corps d'armée ne délibèrent pas, mais qu'ils doivent obéir ; que les hommes guidés par l'honneur et la fidélité sont partout et toujours respectés. »

On ne peut que féliciter nos édiles d'avoir honoré d'aussi nobles sentiments.

C'est dans cette rue qu'existe l'hôtel de la sous-préfecture, édifié sous la direction de M. Laroche, architecte de l'arrondissement.

Enfant de Corbeil, Jules Laroche n'a laissé que de bons souvenirs dans l'esprit de tous ceux qui l'ont connu, car le connaître c'était l'aimer, comme on aime tout homme droit, bon et serviable.

—— DE GOURNAY ——

Sur le chemin de grande communication n° 137, allant de la rue Saint-Spire à la rue de Paris, à Essonne, ou route de Paris à Fontainebleau, ayant la même dénomination dans les deux villes. Le côté droit, en se dirigeant vers Essonne, c'est-à-dire le quartier de Nagis seulement fait partie du territoire de Corbeil, tout le surplus de ce côté, et le côté gauche entier sont d'Essonne.

Cette voie aussi ancienne que celle des Grandes-Bordes, doit son nom à ce qu'il y a sept siècles, le prieuré de Gournay-sur-Marne, arrondissement de Pontoise, avait depuis longtemps des droits de cens à Essonne. Les maisons redevables de ces cens étaient précisément situées dans la rue appelée de Gournay, à cause de cela, sans aucun doute.

La grange dîmeresse y existait également, à l'angle du carrefour sur Essonne.

Au xiii⁰ siècle, ces droits furent réunis au domaine censier du prieuré d'Essonne.

— GRANGES —

Dans le faubourg ; autrefois appelée rue de la Bûcherie, allant de la rue du 14-Juillet à la rue Saint-Léonard.

Rue contiguë à l'ancienne rue des Boulangers ; c'est là nécessairement, dit M. Pinard, que les gens de cette profession engrangeaient le bois employé au chauffage de leurs fours. Explication vraisemblable, sinon justifiée, par les apparences.

— LA GUINGUETTE —

Petite rue très étroite allant du quai de la Pêcherie à la rue des Fours-à-Chaux, au bas d'une côte très élevée que — dit M. Pinard. — gravissaient incessamment les mariniers pour connaître l'arrivée des bateaux qu'ils étaient chargés de diriger sous les arches du pont » ; car ils avaient ce privilège et recevaient pour ce travail une indemnité de 75 centimes par homme et par bateau.

Au cours de la seconde moitié du siècle dernier, c'était plutôt à Montgardé, que les mariniers allaient attendre les bateaux pour les *biller* (nom donné à ce genre de travail) les jours dits *de flot*, c'est-à-dire d'arrivée en grande quantité de bateaux, par le flot qui les portait, manœuvre dont les barrages, en Seine, ont amené la disparition en maintenant dans le fleuve une hauteur d'eau toujours suffisante pour la navigation.

C'est sans aucun doute le fait relevé par M. Pinard, qui a justifié l'existence, dans cette rue, d'une buvette des mariniers ou Guinguette, d'où viendrait son nom ; en tous cas, cette rue est aussi très ancienne.

— JEANNE D'ARC —

Dans le quartier de la prairie, allant de la rue Widmer au territoire d'Essonne.

Voie nouvellement créée, sur le caractère de la dénomination de laquelle il est inutile de s'étendre, tout le monde connaissant l'histoire de l'héroïne d'Orléans.

— JUIVERIE —

Commençant à la rue Saint-Spire, et aboutissant à gauche à la rue de l'Arquebuse et à droite à la rue des Fossés — rue évidemment très ancienne.

A l'époque où Philippe-Auguste chassa les Juifs de France, il y avait, dans des villes comme Corbeil, des Juifs en assez grande quantité pour justifier l'existence d'une synagogue, et M. Pinard n'hésite pas à dire qu'ils en avaient certainement une à Corbeil. C'est ainsi qu'ils étaient établis à Melun et à Etampes, où dans cette dernière ville, ils avaient même leur prévôt et leur juge particulier. Etampes a conservé sa rue de la Juiverie, Melun a débaptisé la sienne.

Il faut donc admettre qu'il y eut une synagogue à Corbeil et que la rue de la Juiverie doit son nom à ce que les Juifs s'y réunissaient, ou que cette rue était plus ordinairement habitée par eux.

En tous cas, c'est vers 1425, que Corbeil fut tout à fait dépeuplé de Juifs, à la suite d'une accusation d'empoisonnement des eaux dans la Guyenne et dans le Poitou, qui valut aux Juifs de ces contrées, reconnus coupables, d'être brûlés vifs ou enfermés à perpétuité.

— KRUGER. —

Dans le quartier du Bas-Coudray. Voie nouvelle allant de la rue du Bas-Coudray à la Seine. Ce nom lui a été donné en souvenir de la lutte soutenue par la république du Transvaal, dont le président était Kruger, contre les Anglais, à la fin du siècle dernier.

— LA BARRE —

Dans le quartier de la Prairie, conduisant de la rue Champlouis à la rue des Remparts et à la rue du Trou-Patrix, où elle aboutit par une passerelle sur l'*Essonne*.

M. Pinard dit en parlant de l'ancien quai de l'Instruction qu'il aurait préféré que le nom de La Barre, historien de notre cité, dont rien ne rappelait le souvenir, fut donné à ce quai. C'était, selon lui, un oubli impardonnable. Cet oubli, la municipalité actuelle l'a réparé, il faut l'en louer.

Jean De La Barre était d'origine normande ; après avoir été prévôt de Corbeil pendant dix-sept ans, il se retira à Paris, où il mourut en 1649.

Dès 1140, il y avait à Corbeil un prévôt royal, chargé de rendre la justice, dans la châtellenie qui en fut formée ; il était en même temps officier d'épée et chargé de recevoir les deniers du prince. Cette châtellenie s'étendait sur la rive gauche de la Seine, du rû sur l'Ecole, qui traverse Ponthierry, au pont de Mons, sur l'Orge, et sur celle droite, de Boissise-la-Bertrande à Villeneuve-Saint-Georges. Sous Louis XIV, le duc de Villeroy en devint seigneur engagiste.

Le prévôt, partout considéré comme le représentant du monarque, plus tard des seigneurs engagistes — à qui les comtés étaient cédés - recevait les honneurs qui, autrefois, étaient le partage du maître : à l'audience, à l'église, aux processions, il avait le pas sur tous, et si les habitants étaient en armes, il marchait à leur tête.

La Barre était donc bien placé pour connaître et écrire l'histoire de Corbeil. Deux exemplaires de son ouvrage ; *Les Antiquités de Corbeil* sont à la bibliothèque de la ville. Sur l'un d'eux, la première page n'existant plus, nos concitoyens, M. Jules Lemaire, le poète corbeillois, aujourd'hui décédé, et son gendre, M. Sabrou, se sont chargés de la reconstituer et ils ont accompli ce travail en véritables artistes. Le dessin à la plume de M. Sabrou est particulièrement remarquable.

M. Pinard dit encore :

« On sait peu de choses de l'auteur des *Antiquités de Corbeil*. L'épigraphe de son livre semble annoncer que, si Corbeil n'était pas sa patrie, il l'avait du moins adoptée pour telle, et que, suivant la pensée de Plutarque, en parlant de la petite ville où ce philosophe était né, *pour l'empêcher d'être plus petite, il voulait s'y tenir*, on ne voit pas cependant qu'il ait effectué ce désir. »

A ce sujet, nous ne pouvons retenir une observation : si l'estimable écrivain a eu raison de regretter que le nom de La Barre ne fût pas donné à une rue de Corbeil, il a singulièrement exagéré en tentant d'établir une comparaison entre La Barre et Plutarque.

Comparer, en effet, l'œuvre de La Barre à celle de Plutarque, c'est comme s'il avait voulu, lui Pinard, comparer la centaine de pages qu'il a consacrée à Corbeil, à l'*Histoire de France* d'Henri Martin, par exemple ; c'est comme si nous avions la prétention de classer notre bon et aimable Jules Lemaître parmi nos grands poètes, ce dont, à coup sûr, son âme souffrirait beaucoup.

Non, n'exagérons rien, soyons modestes, il faut en tout, dit Molière, fuir les extrémités, et il a bien raison, car l'œuvre de La Barre n'a guère dépassé les murs de Corbeil, où elle est même fort négligée, tandis que l'œuvre de Plutarque, qui remonte au siècle ayant précédé l'ère chrétienne, n'a pas cessé d'être et sera toujours connue de l'univers, étant appelée à ne disparaître qu'avec lui.

— LA FAYETTE —

Dans le quartier de la Gare, commençant à l'avenue Darblay pour finir à la rue du Cimetière.

C'était autrefois la ruelle des Tarterêts — on l'appela ensuite rue de l'Abattoir, avant la création de cet établissement, édifié en 1850. — C'est en effet après les événements de 1848, que le nom de La Fayette fut donné à cette rue en souvenir du général dont l'histoire est assez connue pour qu'il ne soit même pas nécessaire de l'esquisser ici.

— PLACE DU MARCHÉ —

Dans le centre de la ville. Belle place en forme de carré long, où aboutissent les rues Saint-Spire, de l'Ombrerie, Neuve-Notre-Dame, Notre-Dame, Aux Tisseurs, des Rosiers, du Grand-Pignon et des Remparts ; en retrait du côté du midi, est le marché couvert, belle construction où les marchands ont un abri des plus confortables.

Il est impossible, aux personnes qui ne l'ont pas connue, de se faire une idée de ce qu'était cette place, il y a un demi-siècle. Tout d'abord c'est là qu'était l'hospice et il y avait une rue de l'hospice allant de la rue Notre-Dame à la rue des Remparts. Cette rue de l'hospice s'appela rue des Religieuses, de la rue Notre-Dame à la rue des Rosiers, puis, de la rue des Rosiers aux Remparts, rue du Petit-Saint-Jean de l'Ermitage, car c'était là qu'était l'église Saint-Jean de l'Ermitage.

En 1642, les habitants abandonnèrent aux sœurs Augustines, la maison du Petit-Saint-Jean, et l'église, ou ce qui en restait, leur servit de chapelle. Par décret du 16 août 1803, cet établissement fut converti en hospice.

Au xv⁰ siècle, entre la rue du Grand-Pignon et la rue des Rosiers, existait un hôtel aboutissant à la rue du Petit-Saint-Jean, appelé hôtel de la Queue-du-Renard, qui aurait été donné au prieur de Saint-

Jean de l'Isle, par Jean de l'Isle et Isabeau, sa femme.

D'ailleurs nous croyons savoir qu'à un moment, une partie de la rue des Rosiers s'appelait rue de la Queue-du-Renard.

Bon nombre de Corbeillois s'en souviennent encore : l'entrée de l'hospice était en face de la rue du Grand-Pignon : il y avait aussi une rue du Marché entre un côté de l'hospice et le bâtiment affecté à l'hôtel de ville, puis des maisons en bordure de la rue Notre-Dame. La pharmacie Duvivier (aujourd'hui pharmacie Rossignol) était en face de la place qu'elle occupe actuellement, l'épicerie Martin (aujourd'hui Grivois) qui est au coin de la rue Notre-Dame et de l'ancienne rue de l'Hospice, était en face de la rue Neuve-Notre-Dame, et, nous dit M. Pinard, avant la révolution, cette place était extrêmement exiguë : avec l'Hôtel-Dieu, il y avait l'auditoire de la justice de la prévôté et ses prisons. D'après M. Le Paire : l'Hôtel-Dieu et les prisons se tenaient l'un à l'autre de telle sorte que le service religieux était fait en même temps pour les malades et pour les prisonniers.

Si la place du Marché était exiguë avant 1789, sûrement elle n'était pas grande tant qu'ont existé les constructions qu'on vient de décrire. Ceci pour montrer le progrès accompli. Si on ajoute qu'elle est bien pavée, bien empierrée, qu'en dehors du marché couvert, des abris mobiles sont installés les jours de marché, on ne

sera pas surpris du nombre considérable de vendeurs et d'acheteurs, qui viennent là les mardi et
vendredi de chaque semaine.

Sur cette place du Marché se trouve le magasin
des pompes à incendie, parmi lesquelles une
pompe à vapeur achetée après l'incendie des
Grands-Moulins, et dont la dépense s'est élevée
à 20.000 francs. Disons qu'il y a en outre une
échelle de sauvetage et que le téléphone est
installé chez le pompier, garde du magasin. Si
nous ajoutons que les Grands-Moulins, la Papeterie d'Essonne et les Etablissements Decauville
ont chacun leur pompe à vapeur et une équipe
de pompiers, on se rendra compte que dans notre
contrée industrielle les précautions contre les
incendies sont aussi complètes que possible.

— RUE ET QUAI DES MARINES —

Route de Corbeil à Villeneuve-Saint-Georges,
faisant suite à la rue du 14-Juillet, dans le faubourg, jusqu'au territoire de Saint-Germain-lès-
Corbeil.

La rue est fort ancienne, mais le quai est de
création toute récente, ayant été établi au moment
de l'incorporation du domaine du Tremblay au
domaine de Saint-Germain, pour remplacer la
partie de route supprimée. Ce n'était avant que le
chemin de contre-halage.

En revenant le soir du côté de Soisy, à partir de l'endroit où la route bifurque pour amener au quai, on a la vue des usines Decauville, de la papeterie des Tarterêts, des Grands-Moulins et des habitations éclairés à l'électricité et au gaz : c'est un tableau un peu féérique par la diversité, l'éclat et la quantité des lumières.

Les Marines étaient une espèce de port où étaient amenés autrefois des bateaux dits *toues* qui servaient au transport des charbons et qui étaient démolies là. Cet endroit servaient encore pour remiser les bateaux dans les cas de grandes eaux ou de gelées.

Le domaine du *Petit-Tremblay* qui existe rue des Marines, dont le nom vient de ce qu'il y eut là un champ couvert de trembles, n'était, au dire de M. Pinard, au xviie siècle qu'une métairie où l'abbesse d'Hierre avait le droit de censive. Il faut admettre que nous écririons aujourd'hui : l'abbesse d'Yerres.

C'est dans cette rue des Marines et dans la belle propriété qu'il y possédait que l'homme d'État Waldeck-Rousseau est venu mourir.

— MAURAGE —

Voie nouvelle, allant de la rue des Petites-Bordes aux allés Saint-Jean.

Ancien commerçant parisien, M. Maurage était

venu se retirer à Corbeil, dont il a été conseiller municipal, et où il est décédé le 6 avril 1885, en léguant trente-neuf mille francs à sa ville adoptive, dont trois mille francs à l'orphelinat, dix-huit mille francs, pour le revenu annuel être distribué chaque année à un ménage de vieux ouvriers, et dix-huit mille francs pour le même revenu être accordé aussi annuellement à une ouvrière.

Ces legs sont attribués tous les ans, le jour de la distribution des prix des écoles communales, aux personnes désignées par le conseil municipal, qui en a reçu la mission du légataire.

La ville de Corbeil ne pouvait mieux faire en donnant à une de ses rues le nom d'un de ses généreux bienfaiteurs.

— QUAI MAUZAISSE —

Dans le centre de la ville, allant de la rue de l'Ombrerie, rive gauche de la Seine, au quai de l'Apport-Paris, était il y a peu de temps dénommé quai Bourgoin.

C'est sur ce quai que l'*Essonne* se jette dans la Seine, après avoir fait tourner avec la Juine, qu'elle continue à partir du Bouchet, un nombre considérable de moulins à farine, et sur laquelle sont installées les papeteries de Ballancourt d'Echarcon et d'Essonne.

Mauzaisse (J.-B.), né à Corbeil en 1784, mort

à Paris en 1844, fût un peintre distingué. Il travailla à plusieurs œuvres de Gros et exposa au salon dès 1812. Enthousiaste pour son art, il doutait de son talent, et si sa carrière n'a pas été brillante, elle a été, du moins, laborieuse et honorable.

Tout enfant, il esquissait des dessins avec du charbon sur les murs. C'est par ce fait qu'il revéla ses goûts artistiques.

Quelques-unes de ses œuvres sont dans nos musées nationaux. Un buste de femme est au Musée Saint-Jean, et à l'Eglise Saint-Spire, dans la chapelle du côté de l'entrée de la sacristie, est une belle peinture de cet artiste représentant Saint-Spire faisant son premier miracle.

— RUELLE DE LA MOTHE —

Ancienne ruelle *noire* dans le faubourg, allant de la rue du 14-juillet à la Seine, ou plutôt à l'établissement de couleur et de bains qui y est installé.

Il y aurait eu un fief de la Mothe à Corbeil, et d'après l'abbé Lebœuf (*Histoire du Diocèse de Paris*), là se tenaient chaque année les assises du duc de Villeroy, seigneur engagiste de l'ancien comté de Corbeil, aux environs de la Pentecôte pour le droit de pêche dans la Seine, et les pêcheurs depuis Melun jusqu'à Villeneuve-Saint-Georges y étaient mandés.

— NAGIS —

Dans le quartier de la Prairie, commencant à l'avenue du Président-Carnot et conduisant au territoire d'Essonne, où elle se continue jusqu'à la rue de la Poudrerie. Voie nouvellement bordée de maisons.

— NOTRE-DAME —

Dans le centre de la ville, va de la place Galignani à la place du Marché. Voie très ancienne qui doit son nom à ce qu'elle conduisait à l'église Notre-Dame (voir rue Neuve-Notre-Dame.

Dans cette rue existait l'hôtel des *Créneaux* supprimé vers 1850. C'est aujourd'hui la propriété de M. Cros, notaire. Le nom de *Créneaux* lui venait, dit M. Pinard, du voisinage d'un bastion triangulaire, dont le pied était baigné par la Seine. Ce reste de fortification a disparu lors de l'établissement du quai en 1840.

— NEUVE-NOTRE-DAME —

Dans le centre de la ville, allant de la place du Marché au quai Mauzaisse.

C'est une rue privée, dont le sol appartient aux propriétaires des maisons riveraines. On se rappelle, du reste, qu'il y a quelques années existaient à chaque bout des chaînes empêchant l'accès de la rue aux voitures.

Avant l'établissement du quai en 1840, c'était une impasse, qui avait été créée, après la démolition de l'Eglise Notre-Dame, en 1820 — impasse dans laquelle M. Crété (Louis-Simon), qui était clerc de notaire à l'étude Jozon, a fait ses débuts comme imprimeur, en 1827.

On voit encore dans les maisons, et même sur les trottoirs, des dalles de l'ancienne église.

— OBERKAMPF —

Cette rue va de la rue des Petites-Bordes à la rue d'Alsace-Lorraine, en traversant tout le quartier de la prairie. Elle doit son nom à Oberkampf (Christophe-Philippe), fondateur des manufactures de toiles peintes de Jouy et d'Essonne (ancienne usine l'Indienne, avenue de Chantemerle).

Ce grand industriel dont la France, et particulièrement le département de Seine-et-Oise, ne doivent pas perdre le souvenir était né à Wiesenbach, dans le margraviat d'Anspach.

Issu d'une famille de teinturiers dont la probité traditionnelle était attestée par ce fait qu'on les appelait *teinturiers en bon teint*, à onze ans, il se rendait à Bâle (Suisse), avec son père, qui y était appelé pour diriger une plus importante fabrique que la sienne. Il commença là son apprentissage, puis il se mit à étudier la gravure.

A dix-neuf ans, comprenant qu'il avait acquis tout ce qu'il pouvait apprendre dans la maison paternelle, il exprime le désir et il obtient la permission d'aller à l'étranger pour s'élever au dessus de son point de départ.

Après quelques temps passé à Mulhouse, il revient auprès de son père et, en octobre 1758, il repart — sac au dos — pour se rendre à Paris, où il travaille dans le faubourg Saint-Marcel, avec le concours d'un financier : celui-ci n'ayant pas réussi est remplacé par une personne de la maison du roi, qui, comme telle, croit savoir que la prohibition des indiennes en France allait bientôt être levée.

Alors il fallut songer à un autre établissement, Oberkampf cherche. — La vallée de Jouy, avec ses eaux, ses bois, sa belle verdure, lui rappelle la Suisse et son enfance : c'est là qu'il vient planter sa tente dans une petite maison pourvue d'un coin de prairie nécessaire à l'étendage des toiles.

Il a vingt et un ans : il parle à peine le français — luthérien, sa religion est proscrite. — Il dispose d'un capital de 600 francs péniblement amassé, mais il est intelligent, actif, sobre, d'une probité à toute épreuve et d'une bonté rare.

Toutefois, ne s'entendant pas avec ce nouveau protecteur financier, il trouve en M. Demaraise, un associé, un ami et un collaborateur : avec lui, la maisonnette est remplacée par une usine dont la construction a duré deux ans ; de nombreux ouvriers y sont occupés et, après vingt-sept ans de travail en commun, les deux associés se séparent chacun ayant sa fortune faite, et restant unis par la plus sincère amitié.

Dès 1770, c'est-à-dire après les dix années de domicile exigées pour la naturalisation, des lettres de naturalité étaient accordées à Oberkampf. Celui-ci qui n'était pas homme à rester inactif, continua l'exploitation de la manufacture de Jouy, et rendit de tels services à la France, que Louis XVI voulut le récompenser dignement ; il accorda des lettres de noblesse à Oberkampf, et sa fabrique fût dénommée : *Manufacture royale.*

Des usines similaires avaient été établies en France ; elles occupaient plus de 200.000 ouvriers, et grâce à Oberkampf, non seulement notre pays n'était plus tributaire de l'étranger, mais l'Angleterre devint tributaire de l'industrie française.

En 1790, dans l'une de ses premières séances, le conseil général de Seine-et-Oise, voulant rendre un public hommage au manufacturier de Jouy avait décidé l'érection de sa statue sur la principale place de cette commune. Cette résolution alarma sa modestie ; il mit tout en œuvre pour en empêcher l'exécution, et se félicita d'y avoir réussi.

En 1769, Oberkampf avait acheté pour son

frère Frédéric, avenue de Chantemerle, à Essonne, un terrain et des locaux dans lesquels celui-ci créa l'usine dénommée *l'Indienne* grâce à cette libéralité, à laquelle le donateur avait ajouté une somme en espèces de 150.000 francs pour lui permettre de marcher. Après avoir exploité cette usine pendant vingt-sept ans, Frédéric la céda à son frère, qui la lui avait donnée, et *l'Indienne* devint une annexe de la manufacture de Jouy.

Frédéric, naturalisé en même temps que son frère, s'était retiré à Corbeil où il mourut en 1798.

Au cours des événements de 1793, notre grand Oberkampf eut peine à échapper à la mort.

Après le 9 thermidor, il s'empressa de rappeler ses ouvriers au travail.

Sous l'empire, Napoléon va le voir à Jouy par deux fois ; à sa première visite il le décore de la croix de la Légion d'honneur ; à la seconde, il lui dit : « Vous et moi, nous faisons la guerre aux Anglais ; vous, par votre industrie, moi, par les armes ; c'est encore vous, qui faites la meilleure. » L'empereur avait même désiré qu'Oberkampf vînt s'asseoir au Sénat ; celui-ci refusa, sa modestie et son devoir le retenant au milieu de ses ouvriers.

Vers 1804, il achetait les usines à tan de Chantemerle. Depuis longtemps il projetait de compléter son industrie, en y ajoutant la fabrication de la toile, c'est-à-dire la filature et le tissage du coton, afin d'opérer lui-même toutes les transformations de cette matière, depuis son état brut jusqu'à sa métamorphose en toile peinte, et

Chantemerle, placé près de l'Indienne, fit son affaire sous tous les rapports.

Voilà donc Oberkampf au comble de ses vœux ; son industrie va continuer à s'agrandir, il est d'ailleurs à la tête d'une fortune colossale pour l'époque — vingt millions peut-être — lui qui a débuté avec 600 francs ; mais les guerres de l'empire vont avoir pour lui les conséquences les plus déplorables : il perd tout d'abord, d'un seul coup, pour près de deux millions de coton en Espagne, puis les chômages réitérés, puis l'invasion... Abrégeons : la vue de ses ouvriers lui demandant du travail et du pain, en 1815, le tua. Sa fortune était d'ailleurs considérablement réduite.

C'est que cet homme était un travailleur. C'est lui qui appelait ses ouvriers au travail ; le soir c'était lui encore qui leur donnait le signal de la retraite ; ils passaient tous devant ses yeux et d'un regard, d'un mot, il encourageait ou blâmait.

Son esprit d'ordre et d'économie se communiquait à ses élèves ; de petites fortunes se formaient autour de la sienne ; c'est ainsi qu'à Jouy un sentiment de confiance unissait, l'un à l'autre, le fabricant et l'ouvrier ; leur œuvre était commune ; celui qui ne voulait pas s'y soumettre n'avait qu'à quitter son établissement.

Les habitudes d'Oberkampf étaient simples, régulières. On ne saurait dire de combien de fortunes grandes et petites la sienne fut l'origine ; mais ayant accepté le travail comme une des lois

immuables de l'humanité, il aimait à le voir
respecter et s'accomplir autour de lui, et ne se
laissait jamais tromper par les apparences de
misère sous lesquelles se déguisent quelquefois de
regrettables instincts.

Un dernier trait qui achèvera de peindre la
bonté de l'homme :

Lorsqu'il travaillait dans le faubourg Saint-
Marcel, il prenait ses repas chez une aubergiste, et
cela lui coûtait dix-huit sous par jour. Ayant
appris que la pauvre femme, qui l'avait nourri
si économiquement, était tombée dans la détresse,
il lui témoigna son intérêt par une rente dont
elle eut le bénéfice jusqu'à sa mort.

Voilà ce que fût Oberkampf, le grand industriel,
créateur de la fabrication des toiles peintes en
France, de la manufacture de Jouy, de celle
d'Essonne, et enfin de la filature de coton de
Chantemerle.

Après cela que faut-il penser des grands
industriels ? Reportons-nous à ce sujet à l'ouvrage de **M. Frédéric Passy**, intitulé *le Petit
Poucet du* XIXe *siècle : Georges Stephenson et
la naissance des chemins de fer*, et après avoir
lu l'histoire de cet enfant pauvre, devenu un
des plus grands ingénieurs de l'Angleterre, devenu aussi puissamment riche, se préoccupant
constamment de faire du bien, répétons avec
l'éminent M. Passy :

« Ils sont morts ces grands rédempteurs de la
primitive misère, et combien parmi eux dont les

noms mêmes ne sont pas venus jusqu'à nous ; mais ils nous ont laissé la meilleure partie d'eux-mêmes. Ils se survivent en quelque chose, et grâce à cette immortalité terrestre, ils nous servent encore, et chaque jour, ils sont là parmi nous, nous éclairant le chemin et nous aidant à conquérir l'avenir.

» Est-ce assez de leur rendre justice ? Est-ce assez de garder leurs noms quand par hasard nous les connaissons, et de nous redire les uns aux autres, avec une reconnaissance émue, ce que nous leur devons ?...

» Non ; et la seule manière de leur témoigner notre gratitude, c'est de les imiter. »

Eh, oui, c'est de les imiter, chacun de nous dans sa sphère, en suivant au moins les exemples de sagesse, de sobriété et d'activité au travail qu'ils nous ont légués, sources de tout bien-être, de toute satisfaction.

Mais tous les humains n'étant pas suffisamment doués à ce sujet, c'est par là que quelques-uns d'entre eux se signalent d'une façon toute particulière, sachant conduire une armée de travailleurs, alors que d'autres n'en sauraient conduire une demi-douzaine. Que ces hommes-là soient pour la plupart riches — il ne faut pas leur en vouloir — l'essentiel est qu'au lieu de ne rien faire, ils fassent travailler, prêchent d'exemple, en semant ainsi autour d'eux des principes de paix et de concorde, procurant de l'ouvrage à ceux qui ont besoin de travailler, et, quand la fortune le leur permet, corrigeant, par de sages libéralités, les inégalités du sort.

Or, si Oberkampf — étranger devenu Français aussitôt qu'il pût l'être, — s'est enrichi, il a enrichi la France, enrichi ses ouvriers, enrichi les contrées dans lesquells il a fait travailler. Il a au surplus donné à l'industrie et au commerce français une impulsion immense. En faut-il davantage pour que le nom de cet homme, pour que les noms de tous ceux qui l'ont imité depuis, soient honorés, respectés ?

La commune de Jouy a voulu perpétuer le souvenir de son bienfaiteur. Elle a fait élever son buste en bronze sur la principale place, bien que l'industrie des toiles peintes n'existât plus depuis longtemps dans le pays. On ne saurait trop en féliciter les habitants de ce charmant village.

— OMBRERIE —

C'est la toute petite rue, qui conduit, après le pont, rive gauche de la Seine, à la place du Marché.

Elle s'appelait autrefois rue du pont ou de l'Orberie. On s'est demandé d'où venait ce dernier nom, et si l'on n'avait pas commencé par dire rue Hors-la-Brie — la Brie française, capitale Brie-Comte-Robert, finissant au faubourg — car il y a aussi la Brie champenoise, capitale Meaux.

A Paris, dans la cité, la place dite du Marché

neuf aurait porté le nom de place ou de rue Orberie — enfin de rue Herberie ; puis il y eut aussi la rue Bout-de-Brie.

Si, comme le prétend Dulaure, orberie veut dire rue conduisant à une place, la rue de l'Ombrerie devrait reprendre son ancienne dénomination ou celle de Hors-la-Brie — le mot ombrerie ne signifiant rien.

Quoi qu'il en soit, il ne paraît pas douteux que le bout de chemin sur lequel cette rue a été établie, remonte aux premiers temps de Corbeil. On remarquera, en effet, qu'il est bien dans l'axe de la place Saint-Léonard, et que le pont n'a fait que relier ces deux voies, dont la dernière est celle sur laquelle aboutissait la descente du vieux Corbeil, c'est-à-dire du chemin par lequel les premiers habitants de notre cité se rendaient aux bords de la Seine — chemin qui est dénommé aujourd'hui et depuis fort longtemps la montagne du Vieux-Marché.

En Italie, il y a, dans plusieurs grandes villes, la rue de l'Ombrerie et cette rue est toujours près d'une église, dans la limite de l'ombre que donne le monument. — Serait-ce là la justification du nom de la rue en question, étant donné qu'autrefois existait tout auprès l'église Notre-Dame, dont l'ombre pouvait s'étendre jusqu'à cette rue ?

En tout cas, cette explication en vaut une autre, et nous nous empressons de reconnaître que c'est à tort que nous avons dit que le mot ombrerie ne signifiait rien.

— ALLÉES DES ORMES —

Voie établie lors de la création de l'hospice actuel, en continuation du chemin de la Dauphine qui appartient à la commune d'Essonne et qui passe au sud de cet établissement.

L'allée des Ormes va du chemin du Bas-Coudray au chemin de halage, le long de la Seine ; c'est au bout, à gauche, en bordure du fleuve, que l'administration municipale a fait installer les pompes à vapeur fournissant de l'eau à la ville de Corbeil et aux habitants. Le réservoir est au delà de l'hospice, à droite, le long de la route de Fontainebleau, sur le territoire d'Essonne.

— PARADIS —

Dans le quartier du Faubourg : commence à la rue des Marines et finit à la rue de Soisy. Rue fort ancienne.

M. Pinard dit que « les chevaliers du Temple ont eu des biens dans ce quartier, et qu'après la suppression de leur ordre, en 1314, ils furent adjugés aux hospitaliers de Saint-Jean de Jérusalem ».

Adjugés, c'est-à-dire attribués puisque les biens du Temple devaient être employés à la délivrance de la Terre-Sainte et donnés aux hospitaliers. Si, selon certains historiens, l'ordre de ces derniers s'en enrichit, selon d'autres il s'en appauvrit et n'eut point à se féliciter du résultat de querelles d'idées et de principes, qui retombèrent aux questions d'argent.

En tous cas, selon **M. Le Paire**, les hospitaliers reçurent dans le faubourg Saint-Jacques un pressoir et plusieurs maisons ainsi que la terre et seigneurie de Savigny-le-Temple.

Et comme on appelait la forêt de Rougeau, les anciens bois des Templiers, les Rogellas, il faut admettre qu'ils reçurent aussi tout ou une grande partie de ces bois.

La rue du Paradis a été ainsi dénommée parce qu'elle conduisait à cette partie du cimetière existant alors dans la paroisse Saint-Jacques où étaient inhumés ceux qui mourraient dans le giron de l'Eglise.

C'est dans cette rue (après avoir débuté rue Saint-Spire) que **M. Drevet** vint, en 1880, établir son imprimerie et continuer la publication du journal *L'Indépendant de Seine-et-Oise*, imprimerie et publication aujourd'hui aux mains de Mme veuve Drevet et fils.

— RUE, QUAI ET PORT DE LA PÊCHERIE —

Route de Corbeil à Melun ou chemin de grande communication n° 93. La rue commence place

Saint-Léonard, et finit à la rue de la Guinguette ;
puis vient le quai qui se termine au territoire
de Saint-Pierre-du-Perray, lieu dit Montgardé,
d'où la vue sur la Seine est fort belle. Le port,
aménagé pour le débarquement des marchandises,
existe dès le début du quai et se termine en
face la rue de la Tuilerie. C'est là aussi que
s'arrêtent les bateaux servant au transport des
personnes, notamment le *Touriste* lors de ses
excursions de Paris à Seine-Port.

La rue et le quai de la Pêcherie qui pendant la
révolution portaient le nom de *Sans-Culottes*,
remontent certainement à une époque très
ancienne ; le tracé de cette voie le long du fleuve
s'est établi tout naturellement pour le service de
la marine et des pêcheurs, car le quinconce au bout
du quai entre la route et le bord de l'eau est de
création récente. En effet, il n'y a pas cinquante
ans qu'une rangée d'arbres seulement existait le
long de la route. La Seine avait là une étendue
d'eau dormante, remplie de roseaux n'ayant rien
d'agréable, que des dépôts de terre successifs
ont permis de combler principalement lors de
l'ouverture de la nouvelle montagne de Saint-
Germain.

C'est dans ce quartier qu'habitaient tous les
mariniers. Comme les gens de mer, ils avaient un
syndic et comme les anciennes corporations ils
s'étaient attribué des privilèges auxquels il
n'aurait pas fait bon toucher. La création des
barrages qui ont rendu le fleuve constamment

navigable et du remorquage au moyen de la chaîne, a fait disparaître cette corporation.

Certes il y a toujours des mariniers, mais ce sont plutôt des pilotes, c'est-à-dire des hommes chargés d'imprimer aux bateaux remorqués la direction nécessaire pour éviter les écueils de la route.

Lors des grandes eaux, le quai est toujours envahi et même une partie de la rue. On peut voir sur la façade de la maison n° 31 de cette rue la hauteur de l'eau aux inondations de 1802, 1836, 1856 et 1876.

Rappelons que ce quartier sud du vieux Corbeil forma à une époque, d'ailleurs fort ancienne, la paroisse de Mory ou Perray, village appelé aujourd'hui Saint-Pierre-du-Perray.

— MONTAGNE DU PERRAY —

Dans le quartier de la Pêcherie : commence à la rue des Fours-à-Chaux, dont elle est la continuation, et finit au territoire de Saint-Pierre-du-Perray.

Cette rue ou ce chemin, bordé en partie de quelques maisons seulement, sur des terrains en amphithéâtre, ce qui leur donne l'avantage d'une belle vue sur la ville et sur la Seine, est évidemment aussi ancien que Corbeil et Saint-Pierre-du-

Perray, les habitants n'ayant pas de voie plus courte pour échanger leurs relations.

En temps d'inondations, heureusement fort rares, les habitants du Perray et de ses écarts — Villeray et Villededon — doivent prendre la rue des Fours-à-Chaux pour arriver au Faubourg, et à la partie de Corbeil sur la rive gauche de la Seine.

— GRAND-PIGNON —

Dans le quartier central de la ville. Va de la place Galignani à la place du Marché.

Cette rue, très ancienne, doit sans doute son nom à ce qu'elle eut une maison pourvue d'un pignon se distinguant des autres par sa hauteur. C'est là que demeurait le docteur Surbled, mort en 1878 maire de Corbeil et médecin de l'hôpital-hospice. Disons toutefois qu'elle s'appela autrefois rue du Blanc-Pignon.

Avant et après 1830, le littérateur Léon Gozlan possédait une maison dans la rue du Grand-Pignon ; il fréquenta longtemps à Corbeil, où il écrivit nombre de pages de ses œuvres. Plus tard sa fortune ayant grandi avec son talent, il dédaigna Corbeil. Il avait loué sa maison à un raisonneur qui lui donna des soucis ; le culte de la littérature ne lui faisait pas oublier ses intérêts : même un jour, il écrivait à son chargé d'affaires : « Je viens de recevoir une lettre de mon locataire, qui a le tort de faire de l'esprit avec moi qui en vend. »

Cette absence de modestie est revenue à la mémoire de l'auteur de ces lignes, qui, ayant eu en mains des autographes de cet écrivain, a d'autant plus regretté de ne pas avoir eu l'idée de les conserver, qu'ils sont aujourd'hui très appréciés des collectionneurs et largement payés par eux.

— DU PONT ET LE PONT —

La rue — de peu d'étendue — commence à l'extrémité du pont et finit, rive droite, à la place Saint-Léonard. Elle s'appelait autrefois rue du Carré-Saint-Léonard.

Au moyen âge, au bout du pont et à l'entrée de la rue, existait une forteresse, alors considérable, dont la principale tour s'appelait le *Hourdy*. Cette forteresse élevée pour arrêter les incursions des Normands défendait le pont. Elle était comme le berceau de Corbeil, et les seigneurs commis à sa garde n'avaient pas tardé à se rendre indépendants, redoutables même à leurs suzerains. Au temps des premiers Capétiens, le petit roi de Paris leur semblait à peine un égal et plusieurs lui disputèrent la couronne.

« A la fin du xiᵉ siècle, dit, en effet, un historien moderne, on vit un second Burchard ou Bouchard (la veuve du comte Haimon avait épousé le premier), régner à Corbeil, l'abbé Suger le qualifiait de *superbissime comte* et il n'aspirait à rien moins qu'à détrôner son roi. » Nous voyons, dans le tome XII du *Recueil des historiens de France*, qu'un jour ce seigneur ayant refusé de prendre son épée des mains de celui qui avait coutume de la lui remettre, dit à la comtesse, sa femme : « Noble comtesse, donnez « avec joie cette magnifique épée au noble comte, « qui la reçoit de vous comme comte, et qui vous « la rendra, en ce même jour, comme roi. » La fortune trompa complètement sa vanité : dans le combat qu'il livra à son souverain, Burchard fut tué par Etienne, comte de Paris, comte de Blois, selon un autre historien.

Louis-le-Gros triompha des comtes de Corbeil, la forteresse fut prise, la ville soumise et Corbeil devint une châtellenie gouvernée par des prévôts.

Sous Louis VIII une crue subite emporta la tour *Hourdy*.

Le cardinal Georges d'Amboise fut enfermé dans cette forteresse lorsqu'il était évêque de Montauban, et ce fut là, au dire d'un chroniqueur, qu'il préluda à sa vie politique. Devenu archevêque de Rouen et ministre de Louis XII, il rendit de grands services à la royauté et à la France ; aussi un écrivain a-t-il prétendu que, dans les embarras de son règne, Louis XVIII disait : « Que n'ai-je pour me seconder un abbé Suger, ou un cardinal d'Amboise ? »

En 1590, lors du siège de Corbeil par le duc de Parme, un combat acharné eut lieu sur le pont, en même temps qu'un furieux massacre. Le duc de Parme commandait une partie de l'armée espagnole envoyée en France pour empêcher Henri IV de conquérir Paris, dont les ligueurs étaient maîtres.

La défense de Corbeil avait été confiée par le roi à Rigault, un Provençal, capitaine d'une grande intrépidité, qui avait promis de défendre Corbeil jusqu'à la mort et qui périt au cours du combat. Ce souvenir est bien ignoré à Corbeil ; rien, en effet, ne le rappelle. Il ne reste à Rigault, dit M. Le Paire, « que l'admiration des historiens qui, en écrivant son nom, salueront toujours en lui un des plus vaillants enfants de la France. »

De la forteresse et des fossés qui l'environnaient, il ne reste plus aucune trace. Toutefois la petite place de la Tournelle, en face de l'hôtel de Bellevue, en est un vestige, et il y a une vingtaine d'années, on voyait encore, au n° 5 de la rue du Pont, un mur de deux mètres d'épaisseur, autre vestige de la forteresse, sur les flancs de laquelle a été construit l'hôtel en question.

Le pont reliant les deux rives remonte au xe siècle. Il se composait alors de huit arches. M. Pinard pense qu'il fût originairement en bois, mais il ne précise rien à ce sujet. Deux arches furent rompues pendant les guerres de la Ligue.

Certains auteurs prétendent qu'il existait déjà à l'époque gallo-romaine à l'emplacement actuel. L'exactitude de ce fait n'a pas été reconnue.

Il fut établi, en 1725, dans les conditions où il

existe de nos jours, avec cinq arches. Les deux premières arches, rive gauche, sont en anse de panier, l'arche marinière (celle du milieu) et la suivante sont légèrement surbaissées, la cinquième, rive droite, est à plein cintre.

Les deux premières, rive droite, détruites, par une crue le 1er janvier 1802, ont été rétablies dans les années suivantes. La même crue emporta les restes de la tour *Hourdy*.

Comme l'hiver de 1879-1880, l'hiver de 1801-1802 fut rude. Les relations entre les deux rives, forcément interrompues, furent rétablies de deux façons. D'abord on tendit une corde d'une rive à l'autre, et par le mouvement alternatif de va-et-vient d'une corbeille on assura le transport des lettres; puis par un bac on rétablit la communication des piétons et des voitures, pendant les deux ans que durèrent les travaux de réfection des deux arches emportées.

L'indication de la hauteur de la crue de 1802 et des crues successives est indiquée sur le mur extérieur de la maison n° 31, rue de la Pêcherie.

En 1814, dans l'intérêt de la défense nationale, le génie militaire fit sauter les deux premières arches, rive gauche. Rétablies par des charpentes en bois, jusqu'en 1840, elles furent reconstruites en fer, à cette époque, au cours de la création du quai appelé aujourd'hui quai Mauzaisse.

Dans le même intérêt le génie militaire les détruisit de nouveau en 1870, et enfin elles furent définitivement rétablies en 1873-1874. Entre temps elles avaient été refaites au moyen de charpentes en bois.

« La conséquence, — nous a écrit M. Fousse, sous-ingénieur des ponts et chaussées en retraite, à Essonne, à qui nous devons en grande partie les indications techniques et historiques que nous venons de donner, à raison de quoi nous lui adressons nos chaleureux remerciements, — de toutes les vissicitudes qu'a subies le vieux pont de Corbeil, est qu'il ne reste plus de la construction de 1725 que l'arche centrale, dite arche marinière, dont la hardiesse et la légèreté sont en tous points remarquables. Malgré cette légèreté apparente, la solidité de l'arche a résisté aux chocs les plus violents qui eurent lieu en 1802, 1814 et en 1870, et aussi lors de la grande débacle de l'hiver mémorable 1879-1880. Pour ne rien omettre il convient de noter que cette arche centrale, est ornée au milieu, en amont et en aval par un bel écusson Louis XV. Ce médaillon est l'œuvre des frères Rousseau, sculpteurs nés à Corbeil, bien connus à l'époque. Les fleurs de lys en avaient été enlevées sous la Révolution. Les registres municipaux contiennent une curieuse délibération à ce sujet. Après 1870, lors de la reconstruction du pont, on dut malheureusement tronquer cet écusson pour cause d'adoucissement des pentes du tablier. A noter aussi qu'autrefois et pendant bien longtemps, la fête de Saint-Spire se tenait jusque sur le pont. »

Afin de faciliter la circulation, son tablier a été

élargi en 1904, au moyen de deux encorbellements en béton armé, et sa chaussée, jusqu'alors empierrée, a été entièrement pavée.

La longueur du pont (nous prenons des chiffres ronds) est de 110 mètres, la largeur 12 mètres.

Pour terminer, rappelons que si lors de débâcle, du 2 janvier 1880, le pont eut à subir les assauts d'un fleuve en furie, — la Seine charriait des glaçons de toutes grandeurs et d'une épaisseur moyenne de soixante centimètres et en moins d'une heure montait de deux mètres soixante-dix centimètres — les habitants, eux, eurent sous les yeux un spectacle absolument terrifiant.

Heureusement, ces choses-là sont très rares sur *ces bords fleuris qu'arrose la Seine*, et comme le site de Corbeil est fort beau, nous ne craindrons pas d'ajouter qu'il n'est personne à qui n'échappe un regard d'admiration, en ayant pour la première fois, sur le pont, la vue des coteaux de la rive, droite, en amont et en aval, en vue de la Seine, sur une étendue de six kilomètres de Saintry à Évry-Petit-Bourg.

Mais du fleuve seul ne dirons-nous rien autro chose? Si, grâce, toutefois, à la plume du remarquable écrivain Charles Nodier, qui devait se livrer à une description des monuments des bords de la Seine dans les environs de Paris, et qui, en vue de ce travail, avait préparé l'esquisse suivante :

« L'histoire de la *Seine* est, beaucoup plus qu'on ne l'imagine au premier abord, l'histoire de la

France elle-même. Il en est des fleuves, comme des nations ; inconnus à leur origine, rien ne révèle, dans la source obscure d'où ils s'échappent, la partie de l'espace qu'ils vont parcourir et les différentes vicissitudes de leur cours. Faibles à leurs commencements, ils coulent cependant au gré de la pente qui les entraîne, approfondissant peu à peu leur lit, reculant peu à peu leurs rivages, portant avec eux des désastres ou des bienfaits, la fertilité ou la terreur, jusqu'à ce que, parvenus au plus haut degré d'étendue, de richesse et de splendeur qu'il leur soit permis d'atteindre, et poussés à leur terme par leur propre violence, ils se précipitent et disparaissent pour toujours dans l'abîme des mers. Ainsi apparaissent, s'accroissent et finissent les empires, ainsi l'histoire de l'homme est tracée partout dans le tableau magique de la nature.

« La *Seine*, le fleuve roi de la reine des cités, le fleuve français qui n'a pas appuyé son urne sur une terre étrangère : qui ne va pas en transfuge enrichir nos voisins du trésor de ses eaux ; qui descend de nos montagnes et se perd dans notre Océan, sans avoir fécondé d'autres plaines sans avoir baigné d'autres villes, sans avoir miré d'autre ciel.

« Que manque-t-il à sa beauté ! La nature végétale a prodigué sur ses rives fleuries toutes les richesses de sa corbeille ; aucune des rivières qui baignent les contrées les plus célèbres par leurs postes militaires n'a mêlé plus souvent les rumenrs de ses ondes, à celles des combattants, aucune n'a vu arborer, dans ses plaines dévastées, plus de trophées de batailles ; aucune n'a fourni plus d'eau lustrale au sacrifice sanglant de la guerre.

« La Seine a eu son histoire sacrée, comme elle a eu son histoire fabuleuse, et notre vieille mythologie nationale ajoute souvent encore quelque chose à leurs délicieux récits. De toute la poésie merveilleuse du moyen âge, il reste des traditions qu'on retrouve à chaque pas, et partout sur la route se confondent les hautes impressions de l'épopée, celles du drame et de la romance. »

Il nous a paru que cette page enchanteresse avait sa place ici, parce que cette évocation des douleurs subies et des joies ressenties ne pouvait que resserrer les liens qui nous attachent tous aux rives de ce fleuve, dont nous ne cessons, dans nos parages, d'admirer les beautés naturelles, et aussi parce que, tout bien compté, les joies d'autrefois et les satisfactions de l'heure présente compensent largement les heures sombres du temps passé.

— PETITS-PONTS —

Toute petite rue allant de la place Galignani à la rue des Grandes-Bordes, dénommée autrefois porte Royale et aussi, dit M. Pinard, rue *des Recollets*, lorsque la grille du couvent de ces religieux lui faisait face. Son nom lui a été donné en 1791, date de la construction d'un second pont sur le canal alors destiné à réunir les eaux de la Loire à celles de la Seine. Le plus ancien pont était un pont-levis, il précédait la porte Royale. Élargi en 1829, il fut reconstruit en 1851.

Nous croyons savoir qu'on a déjà projeté de réunir la rue des Petits-Ponts à la rue des Grandes-Bordes, lorsque seront exécutés les travaux à faire en exécution de la convention avec les Grands-Moulins. Ce serait à notre avis une bonne chose.

— POTERIE —

Dans le faubourg, allant de la rue du Barillet à la rue de Soisy, fut appelée rue de l'Église-Saint-Jacques.

Au xviiie siècle, il y avait un hôtel du nom de *Panier-fleuri*; c'est là qu'au n° 8, au siècle suivant se trouvait la caserne de la gendarmerie à cheval, avant d'être dans le quartier de la Prairie.

A l'extrémité de la même rue étaient les restes de l'ancienne église Saint-Jacques, édifiée par les Templiers et qui fût succursale de Saint-Germain-lès-Corbeil. Une croix était dressée là, et tous les ans la procession des chasses Saint-Spire y faisait station. C'est un treillageur qui acheta l'emplacement et fit construire la maison qui existe actuellement, dont la façade est garnie de morceaux de bois apparents.

Nous avons dit, en parlant du *boulevard Crété*, que la belle et grande imprimerie Crété avait eu son origine dans la rue de la Poterie.

— PRÉSIDENT-CARNOT (AVENUE DU) —

Dans le quartier de la Prairie qu'elle coupe en deux, de l'ouest à l'est ; commençant à la rue des Grandes-Bordes et finissant à la rue Saint-Spire, à l'entrée du quartier de Nagis.

Grande et belle avenue bordée de quantités de jolies maisons modernes. Elle fut d'abord appelée avenue Tandou, du nom de l'ancien propriétaire du Grand-Tremblay, qui avait donné partie du terrain nécessaire à son établissement. La famille Tandou était ancienne à Corbeil, et elle y était d'ailleurs fort honorablement connue, pourtant après l'assassinat de M. Sadi Carnot, nos édiles crurent devoir demander et furent autorisés à appeler l'avenue Tandou, *avenue du Président-Carnot*.

— PRÊTRES (RUELLE DES) —

Allant de la rue Notre-Dame au quai Mauzaisse. Il y aurait eu là une maison commune au clergé de la collégiale, puis à celui de la paroisse Notre-Dame, qui communiquait à cette église par une porte latérale, ouverte pour cet usage, « et, ajoute M. Pinard, ce passage est encore marqué par une impasse. »

Cette petite rue porte son cachet d'ancienneté; quant à l'impasse elle n'existe plus depuis longtemps, sa place nous parait être occupée par les écuries et remises de la boucherie de la rue Notre-Dame.

— QUARANTAINE —

Dans le quartier Saint-Spire, allant de la rue des Fossés à la rue Saint-Nicolas.

Voie évidemment ancienne, car il ne faut pas douter, paraît-il, qu'il y eût là un hôpital provisoire, lors des épidémies de la lèpre, dans ce quartier alors en dehors des murs. C'était dans la propriété appelée la Quarantaine, achetée en 1828 par des religieuses, dites des Oiseaux, établies à Paris, qui y installèrent une succursale de leur maison d'enseignement. Supprimée en 1851, cette école fut tenue ensuite par les sœurs de la Sainte-Enfance qui, comme toutes les autres congrégations d'enseignemént, durent s'incliner devant les décrets du ministère Combes. Aujourd'hui, c'est une maison de retraite pour ces religieuses.

— QUATORZE-JUILLET —

Dans le faubourg, allant de la place Saint-Léonard à la rue des Marines. Voie évidemment aussi
ancienne que le vieux Corbeil, faisant aujourd'hui
partie du chemin de grande communication n° 93,
ou route de Corbeil à Villeneuve-Saint-Georges.

Autrefois, cette rue, jusqu'au port des Boulangers, s'appelait rue des Boulangers, ensuite c'était
la rue de la *Déguide*, ainsi que le porte le
cadastre dressé en 1823.

Le nom actuel rappelle la prise de la Bastille,
et lui fût donné immédiatement; puis cette rue
cessa de le porter, comme on vient de le voir,
et le reprit après les évènements de 1848.

Laharpe fuyant la persécution, dit M. Pinard,
trouva asile dans la maison des demoiselles Bezard
qui habitaient cette rue. Proscrit ensuite, il fut
assez heureux pour obtenir de résider à Corbeil,
où il fut recueilli par les mêmes personnes. Nos
murs virent ce philosophe pour la dernière fois
en 1802. Il mourut le 11 février 1803.

— REINE-ISBURGE —

Allant — dans le quartier de la prairie — de la rue
des Chevaliers-Saint-Jean à la rue Jeanne-d'Arc.

La reine Isburge, seconde femme de Philippe-Auguste, fut cette malheureuse princesse danoise qu'il répudia aussitôt après leur union et qui resta prisonnière douze ans au château d'Etampes.

La répudiation d'Isburge — princesse appelée par des historiens et des grammairiens *Ingelburge* — eut des conséquences qu'il n'est pas indifférent de rappeler, Corbeil en ayant évidemment subi les effets.

Cette femme, remarquable sous tous les rapports, n'avait qu'un défaut : celui d'ignorer notre langue. Philippe-Auguste la répudia, peu après leur mariage, pour une cause qui n'a pas été connue. Elle ne comprit que par signes la sentence qui la frappait. Elle en appela à Rome. Le roi s'empressa de prendre une autre femme, Agnès de Méranie.

Le pape Innocent III s'emporta contre ce scandale ; il voulut obliger le roi à reconnaître que le lien du mariage était aussi sacré pour lui que pour ses sujets, il mit le royaume en *interdit*.

Cette peine — qui suspend les prêtres de leurs fonctions et entraîne la fermeture des églises — moins juste mais plus efficace que l'excommunication, jeta un grand trouble dans toute la France, qui se soumit humblement à la volonté du pape, et donna ainsi son adhésion entière aux motifs de sa sentence.

Mais les existences du citoyen et du chrétien étaient confondues. En suspendant les offices divins, on suspendait en même temps les actes de la vie civile, car les assemblées dominicales donnaient occasion à de fréquents rapports civils, et confondaient, en effet, les deux existences.

On ne disait plus ni messes, ni vêpres : les cloches restaient muettes ; on ne mariait pas ; les maris ne devaient pas partager le lit de leurs femmes, parce que le roi ne partageait pas le lit de la sienne, la pauvre délaissée étant seule reconnue reine de France.

Cette perturbation dura près d'un an : Corbeil eut fort à en souffrir d'après M. Le Paire ; on ne voyait plus affluer dans la ville ce concours prodigieux de pèlerins, attirés notamment par les dévotions aux reliques de Saint-Spire.

Philippe feignit de reprendre Isburge.

En réalité, il la fit détenir au château d'Étampes, où elle resta douze ans, et où elle s'occupa au soulagement des malheureux. Enfin il la reprit effectivement, mais elle n'eut pas à s'en féliciter, et c'est après la mort du monarque, qu'elle vint achever sa triste existence à Corbeil.

— REMOIVILLE —

Dans le quartier du Bas-Coudray. Voie nouvelle allant du chemin du Bas-Coudray à la Seine. Ce nom lui a été donné en souvenir de M. Remoiville, ancien député de l'arrondissement de Corbeil, et bienfaiteur de notre ville.

M. Remoiville, décédé en 1897, a en effet légué 6000 francs pour l'école maternelle de la rue de la Gare, et 2000 francs, pour aider à la constitution d'un musée.

— REMPARTS —

Actuellement dans le centre de la ville, où se trouvent l'église Saint-Spire, la poste et le télégraphe ; commençant à la rue du Trou-Patrix et finissant à la place Galignani.

Avant l'ouverture du quartier de la Prairie, la ville finissait là de ce côté, c'étaient les remparts, longeant pour partie la rivière, c'est donc une voie fort ancienne.

La rue des Remparts s'est appelée rue de *l'Archet*, du nom d'un fief dans la mouvance de la terre de Saintry.

— RÉPUBLIQUE —

Anciennement place des Sablons, puis place de la Halle, enfin place de la République.

Depuis la nouvelle construction des Grands-Moulins, qui a entraîné la suppression de la place, c'est la rue qui conduit de l'entrée des Bordes au quai de l'Apport-Paris. C'est donc une rue de création toute récente, dont le côté droit en allant vers la Seine, est entièrement occupé par les bâtiments des Grands-Moulins. Rien de particulier, sur le côté gauche, à signaler.

— ROSIERS —

Dans le centre de la ville va de la place Galignani à la place du Marché.

Comme dans la petite rue Saint-Léonard, à un endroit les personnes seules peuvent passer, il faut en conclure que c'est aussi un passage qui doit son existence à l'ancien tour d'échelle.

Rien ne permet de dire d'où vient la dénomination de cette rue, assurément fort ancienne.

— SABOTS (DES) —

Dans le faubourg, allant de la rue de la Poterie à la Seine.

Cette rue, ou plutôt cette ruelle, puisque de chacun des côtés, ce sont des murs de propriété, doit son nom, selon M. Pinard, à ce qu'elle était si habituellement sale qu'il fallait des sabots pour la parcourir. Aujourd'hui, et depuis longtemps, d'ailleurs, c'est une voie bien entretenue et toujours propre.

SAINT-GERMAIN (NOUVELLE MONTAGNE)

Voie établie il y a une vingtaine d'années. Elle commence place Saint-Léonard et finit au territoire de Saint-Germain-lès-Corbeil, où elle se continue soit vers Lieusaint, soit vers Tigery ; elle fait partie du chemin de grande communication n° 68, ou route de Versailles.

L'établissement de cette voie est dû en grande partie au généreux concours de M. Paul Darblay, châtelain de Saint-Germain. Non seulement il est résulté de cette route un accès plus facile pour arriver à Corbeil, mais encore la vue du magnifique panorama de la ville et des environs, sans compter les embellissements que M. Darblay a fait en face de l'entrée du château et le long d u parc, le tout à la grande satisfaction du public appelé à fréquenter ces parages où l'utile se trouve si heureusement joint à l'agréable.

— SAINT-JEAN (ALLÉES) —

Longeant le quartier de la prairie. La partie droite (partie ancienne) en allant vers Essonne commence à la rue Champlouis, la partie gauche (partie nouvelle) fait suite au boulevard Crété et s'arrête à la rue Widmer —puis la partie ancienne continue seule jusqu'à Essonne, où l'on peut se rendre en voiture par le chemin nouvellement

créé par M. Darblay et dont il est parlé à la rue
des Petites-Bordes — cette voie ne pouvant autrefois être utilisée que par les piétons se rendant
à Essonne.

La partie ancienne des allées Saint-Jean reliait
la commanderie des Chevaliers Saint-Jean à la
cité ; il est donc permis de dire qu'elle a été créée
par eux. Les tilleuls qui la bordent de chaque côté
ont été plantés en 1831, en remplacement d'ormes
séculaires.

La partie nouvelle de ces allées est établie sur
l'ancien canal de Châteaubourg, qui a été comblé,
ainsi que certaines parties de rivières sur Corbeil
et sur Essonne, comme inutiles et dangereuses au
point de vue de la santé publique, en raison de
leurs eaux dormantes, ou d'un cours insuffisant.

Entre l'avenue et le boulevard Crété existe un
square, ensuite ce sont les allées dans leur ensemble

Il y a là tout l'emplacement désirable pour
faire une magnifique promenade. Les tilleuls
ombragent bien la partie ancienne, mais les
arbres plantés sur la partie nouvelle poussent si
paresseusement qu'il est à prévoir qu'ils ne sont
pas prêts de mettre les promeneurs à l'abri des
rayons ardents du soleil — c'est une question de
temps et aussi d'argent — patientons, tout vient
à point à qui sait attendre.

C'est dans ces allées, et en bordure de la rue
de la Gare qu'on admire le monument consacré à
la mémoire des enfants de l'arrondissement de
Corbeil morts pour la patrie.

Ce monument, élevé par une souscription publique dont le chiffre a atteint 18 000 francs, est l'œuvre du statuaire Edouard Fournier qui obtint le premier prix lors du concours organisé en décembre 1906. Il a été fondu dans les ateliers Barbedienne et inauguré, le 27 octobre 1907, au milieu d'une assistance qu'on avait rarement vue aussi nombreuse à Corbeil.

Cette inauguration était présidée par un membre du gouvernement, entouré du conseil municipal de Corbeil, des sénateurs et députés, des membres du jury du concours, d'une foule de fonctionnaires et de notabilités de l'arrondissement, auxquels s'étaient jointes de nombreuses sections de vétérans et toutes les sociétés locales.

— SAINT-LÉONARD —

Dans le faubourg, allant de la place Saint-Léonard à la rue du Barillet, autrefois dénommée *ruelle montante à la montagne du Vieux Marché.*

Rue évidemment fort ancienne puisqu'elle faisait suite à la rue du Vieux-Marché, lieu considéré comme ayant été le berceau de la ville de Corbeil.

Elle doit son nom actuel à l'église Saint-Léonard qui existait tout à côté. Construite au xiiie siècle, cette église était, avant la Révolution, succursale de Saint-Pierre-du-Perray. Elle fut démolie vers 1883-84 pour l'établissement de la nouvelle montagne Saint-Germain. Cet édifice n'était pas dans la catégorie de ceux que le Concordat protégeait.

— SAINT-LÉONARD (PLACE) —

Dans le faubourg et dans l'axe du pont, sur la Seine, où commencent la rue du Pont, la rue de la Pêcherie, la rue Saint-Léonard et la nouvelle Montagne de Saint-Germain.

Petite place fort ancienne qui doit son nom à l'église Saint-Léonard, aujourd'hui démolie ; on remarque, sur cette place, la grande maison, dite *la Grille*, appartenant à la famille Pasquet, une des plus anciennes de la ville et une maison tout à côté dont les balcons Louis XV en fer forgé sont appréciés des connaisseurs.

— SAINT-LÉONARD (PETITE RUE) —

Allant de la rue du 14-Juillet à la rue Saint-Léonard. Du côté de cette dernière rue, c'est une ruelle où les personnes seules peuvent passer c'est, semble-t-il, une de ces voies dues au tour d'échelle d'autrefois ; c'était avant la rue Bribourg.

Disons, en passant, ce qu'était le *tour d'échelle*.

C'était le droit de déposer une échelle, sur l'héritage voisin, pour travailler aux réparations, et ce droit était considéré comme une servitude naturelle à laquelle un voisin ne pouvait se refuser (coutumes de Melun, d'Étampes, Orléans, etc.).

D'après d'autres coutumes, le tour d'échelle n'était admis que lorsqu'il reposait sur un titre, ou sur une longue possession.

Il y avait aussi l'*échellage*, appelé dans quelques pays *investison*, qu'il ne faut pas confondre avec la servitude de tour d'échelle. C'était l'*ambitus* des lois romaines, c'est-à-dire l'espace, le circuit environnant un domaine ou une maison. Dans ce cas cet espace était pris sur le fond même du propriétaire pour lui ménager la faculté de tourner autour de son domaine sans empiéter sur le fond voisin.

Qu'il s'agisse d'une servitude, ou d'un droit de propriété, cet espace avait, dans le ressort de la coutume de Paris, selon l'importance de l'immeuble, une largeur de trois ou de six pieds, ce qui permet de dire que c'est de là que vient l'existence des petites rues ou ruelles, parce que la partie de terrain, en dehors des clôtures, formait un passage dont tout le monde se servait.

Le code Civil est muet sur le tour d'échelle.

— SAINT-NICOLAS —

Allant de la rue Saint-Spire à la Seine. Voie ouverte en 1842, sur l'emplacement de l'ancien cimetière Saint-Nicolas ; mais à cette époque la rue Saint-Nicolas s'arrêtait à la rue de la Quarantaine qui se continuait jusqu'à la Seine. Depuis, le nom de Saint-Nicolas a été donné à toute l'étendue de la voie qui conduit en ligne droite de la rue Saint-Spire au fleuve,

Il y eut là, au xvie siècle, une église sous l'invocation de l'évêque de Myre, elle était succursale d'Essonne.

— SAINT-SPIRE —

Route nationale n° 191, dite de Corbeil à Mantes. Une des voies les plus anciennes de la ville, commençant à la place du Marché et finissant à l'hôpital-hospice. Elle doit son nom à Saint-Spire, patron de Corbeil, et conduit à l'église paroissiale de la ville, placée sous l'invocation de ce saint.

Autrefois, dit M. Pinard, la rue Saint-Spire finissait à l'angle de la rue de l'Arche, et portait au delà, jusqu'aux murs de la ville, le nom de rue de la *Herse*; après c'était la chaussée de Nagy, aujourd'hui quartier de Nagis, où a existé une maladrerie pour recevoir les femmes de Melun, de Corbeil et des communes voisines. Transformée ensuite en ermitage, elle fût donnée à l'Hôtel-Dieu de Corbeil qui la laissa tomber en ruines.

L'hôtel du *Mouton*, appelé depuis longtemps *Mouton-Blanc* aurait existé rue du *Four-du-Puits* (?) dès 1293.

La dernière construction de la rue Saint-Spire, à gauche, au n° 97, est l'hôpital-hospice Galignani (voir place Galignani), pour lequel MM. Galignani frères ont versé *six cent quatre-vingt-*

six mille six cent trente-huit francs cinquante centimes. La première pierre fût posée le 7 novembre 1866.

Edifié à mi-côte de la montagne de la Dauphine, où se continue la rue Saint-Spire (le côté droit étant d'Essonne à partir de la rue de Gournay), cet établissement a un aspect à la fois simple et imposant. L'étendue du terrain qui l'entoure est de cinq hectares.

C'est la continuation de l'Hôtel-Dieu de Corbeil, existant avant sur la place du Marché, dont l'origine remonterait au xie siècle.

L'Hôtel-Dieu de Corbeil avait, en 1790, quatorze lits, aujourd'hui il en a cent quarante-deux. Il est tenu par les sœurs de Saint-Vincent de Paul sans interruption depuis 1762, dit M. Le Paire, et pendant la révolution elles furent des citoyennes. L'Hôtel-Dieu devint l'Hôtel de l'Humanité et la Sœur Supérieure la Première Officière de l'Hôtel de l'Humanité.

Le Dr Boucher, un enfant de Corbeil, médecin adjoint de 1871 à 1878, en est le médecin en chef depuis cette dernière date. Depuis 1890 le médecin-adjoint est le Dr Durey.

Après MM. Galignani, il faut mentionner, comme bienfaiteurs de l'hôpital-hospice, M. Darblay jeune et son fils M. Paul Darblay, qui ont fait don de machines, pompes, chaudières, tuyaux d'aspiration, réservoir, et, au surplus, ont fait abandon de tout ce qu'ils avaient pu faire dans l'établissement. En outre, M. P. Darblay a, en 1874, donné une nouvelle machine à vapeur pour remplacer la première en cas d'avaries.

Le capitaine Pasquet qui a légué 6 000 francs (voir la notice sur la rue qui porte son nom).

Mme Pasquet mère, propriétaire place Saint-Léonard, belle-sœur du capitaine, a, en souvenir de son mari, fait différents dons ayant été affectés à l'appropriation de deux salles de la maternité. Les libéralités de cette bienfaitrice se sont élevées à près de 6 500 francs.

A ces noms, il faut ajouter ceux de Mme A. Jozon, M. Peschard, M. Revenaz-Pastré, Mme Duchâteau, les Grands-Moulins de Corbeil, M. Clérisse, M. Charles Jozon, Mme Delahaye et Mlle Madeleine Bodot, et la liste de vingt bienfaiteurs commençant, en 1137, par la reine Adèle, mère de Philippe-Auguste, et finissant, en 1862, à M. Dulion.

— SAINT-SPIRE (CLOITRE) —

Autour de l'église paroissiale, entre la rue Saint-Spire et la rue des Remparts.

L'église construite d'abord au xe siècle, et dont il ne resterait rien, ayant été incendiée plusieurs fois, fût reconstruite au xiiie siècle, ainsi que son style l'indique ; sa dédicace eut lieu en 1437. Collégiale royale depuis son origine, elle est devenue l'unique paroisse de la ville.

Le cloître remonterait au xe siècle. Le portique d'entrée sur la rue Saint-Spire fût reconstruit au xiiie siècle dans le style ogivale. Ses portes, richement sculptées, ont été détruites à la Révolution, à cette époque on a aussi fait disparaître les statuettes de Saint-Spire et Saint-Leu qui décoraient les niches restées vides.

Ce portique, encore très curieux quoique bien dégradé, est classé comme monument historique.

L'église Saint-Spire fut édifiée pour recevoir les reliques de saint Exupère, premier évêque de Bayeux, que des fidèles avaient fait transporter de cette ville à Palleau près de Ballancourt, pour les soustraire à la profanation des pillards normands.

Le nom d'Exupère, devint Spire, suivant M. Le Paire, parce que par abréviation on a successivement dit Supère, Supire, Cepire, et enfin Spire.

Pour la description de l'Église, voir notamment l'ouvrage de M. Le Paire, dans lequel elle occupe une trentaine de pages.

Suivant cet auteur cet endroit n'était pas, à exactement parler, un cloître, mais de petites maisons placées dans un enclos fermé par des murailles et par le canal conduisant les eaux de l'*Essonne* au moulin de la Boucherie. Cette enceinte fut nommée cloître. Les maisons canonicales étaient, au xiiie siècle, données à cens aux religieux. Le chapitre de Saint-Spire avait la charge de l'entretien des maisons, mais chaque titulaire devait payer les réparations locatives.

— SAINT-SPIRE (RUE DU CLOITRE) —

Petite rue qui va du cloître à la rue du Trou-Patrix.

M. Pinard dit qu'il est probable que l'insuffisance du cloître au temps où le chapitre tenait des écoles, où les jeunes gens venaient se faire instruire, a motivé l'ouverture de cette rue, et que ce chapitre devait être propriétaire du terrain sur lequel elle a été ouverte, ce qui justifierait son nom.

Peut-être aussi est-ce à cause de la justice ecclésiastique, qui était certainement rendue dans le cloître, alors que cette justice existait à côté de celles du roi et des seigneurs.

« Au moyen âge, nous dit M. Pinard, les chanoines des églises collégiales de Corbeil observaient l'ancienne constitution de l'Eglise en prenant le soin d'enseigner la jeunesse, ou en lui donnant des précepteurs capables. En 1248, une sentence de l'évêque de Paris confirma à Jean Trousseau, chanoine de Notre-Dame de Paris et de Saint-Spire, à Corbeil, la nomination à vie des maîtres des grandes écoles de cette ville. La même sentence portait que, après sa mort, le chapitre de Corbeil y pourvoirait ; apparemment que la branche des Trousseau devait finir en sa personne. Il paraît que cette famille était en possession de ce droit depuis longtemps pour avoir fourni à la subsistance d'un des maîtres de cette école. Ces écoles étaient régies par un décret du pape Eugène III, et une ordonnance du concile de Latran, qui voulait que dans les églises collégiales, des prébendes fussent affectées au paiement de ceux qui seraient chargés d'instruire la jeunesse à la piété et aux sciences libérales. » (De La Barre, p. 137.)

On a supposé que la famille Trousseau descendait de Guy Troussel, de la maison de Montlhéry. En tout cas, elle a légué son nom à un ancien fief qui fait partie de la commune de Ris-Orangis, aujourd'hui château et ferme de Trousseau, entre Ris et Grand-Bourg, commune d'Evry.

— SALMON —

Dans le quartier de la Prairie, petite rue allant de l'avenue Carnot à la rue du Champ-d'Épreuves.

Ce nom lui a été donné en souvenir de la famille Salmon.

M. Salmon père, après avoir été avoué à Corbeil, était entré dans la magistrature. Il devint conseiller à la Cour d'appel à Paris. Son fils aîné, qui avait suivi la même carrière, fut président de chambre à la même Cour. Il venait passer tous les ans ses vacances dans la maison familiale, rue de la Pêcherie, n° 12, où son frère mourut, il y a quelques années. La fille du président Salmon a épousé M. Colmet d'Aage fils, ancien magistrat.

Ces noms et les souvenirs qui s'y rattachent sont également respectés dans la magistrature et dans le barreau.

La petite maison de la Pêcherie est restée la propriété de Mme Colmet.

— PLACE SALVANDY —

Traversée par les rues Feray et Champlouis, et où se trouvent le Palais de justice et la Caisse d'épargne.

Le palais de justice, construction toute moderne édifiée entre la maison d'arrêt et la gendarmerie, sur un plan officiel et conforme à d'autres bâtiments de ce genre, ne présente rien de particulièrement intéressant. Seules; la salle d'audience et la salle des pas-perdus sont deux belles pièces.

Le comte de Salvandy (Narcisse-Achille), en souvenir de qui son nom a été donné à cette place, était né à Condom en 1795. Après avoir été militaire, il se fit écrivain et entra dans la vie politique sous le règne de Louis-Philippe, durant lequel il fut conseiller d'Etat, député, diplomate, ministre de l'instruction publique, et élu membre de l'Académie française. Dans tous ces postes, il sut être à la hauteur de sa tâche. Après la chute de la royauté, il se livra exclusivement à ses travaux littéraires. Il était beau-frère de M. Ernest Feray, et mourut en 1858.

Esprit libéral, on pourrait citer de lui des appréciations historiques, généralement regardées, comme étant de la plus grande justesse.

L'anecdote suivante, peut-être légendaire, à coup sûr amusante, a été, en son temps, rapportée sur son compte.

M. de Salvandy aimait tant la pêche à la ligne que, même étant ministre, il allait taquiner le goujon au pont Notre-Dame, à Paris. Un jeune instituteur connaissant cette particularité, et qui malgré ses réclamations n'obtenait pas un emploi, alla s'installer, une ligne à la main, à l'endroit précis, ordinairement choisi par le ministre. M. de Salvandy, arrivant, fût fort désappointé, et cette petite scène s'étant renouvelée, elle eut le don de l'importuner au point qu'il en vint à reprocher à ce jeune homme de ne pas travailler.

— Hélas, monsieur, lui répliqua celui-ci, en feignant d'ignorer à qui il parlait, je ne demande qu'à m'occuper, mais je suis instituteur et monsieur le ministre de l'instruction publique n'a pas, paraît-il, d'école pour moi.

Alors M. De Salvandy lui dit qu'il connaissait son Excellence et qu'il le recommanderait à Elle. Peu de jours après le jeune homme avait sa nomination.

Et voilà comment un instituteur a eu sa place de maître d'école, et comment un ministre a conservé sa place de pêcheur à la ligne.

— SEINE —

Commençant à la rue des Grandes-Bordes et finissant au quai de l'Apport-Paris en coupant l'avenue Darblay et la rue Lafayette.

Cette voie a été ouverte après l'établissement du chemin de fer à Corbeil, particulièrement pour conduire du fleuve à l'embarcadère.

— SOISY —

Dans le faubourg, fait suite à la rue de la Poterie et se termine à la rue du Paradis.

La rue de Soisy doit son nom à ce qu'elle conduisait directement à Soisy-sous-Etiolles ; mais par suite de l'adjonction, opérée il y a quelques années, du domaine du Tremblay au domaine de Saint-Germain-lès-Corbeil, la route a été déplacée et reportée au bord de la Seine ; on peut toutefois la rejoindre par la rue du Paradis, c'est-à-dire en faisant en sens inverse, le détour nécessaire avant le déplacement.

Cette voie est très ancienne, puisque la vieille montagne de Saint-Germain y aboutit.

Un oratoire protestant a existé dans la rue de Soisy, avant 1831, époque à laquelle fut édifié un temple, dans les Tarterets, au delà de l'ancienne gare, temple dont la démolition a été nécessitée

par la prolongation du chemin de fer du Bour-
bonnais en 1860; il fut remplacé par celui qui
existe avenue du Président Carnot.

— TISSEURS —

Dans le centre de la ville, va de la place Galignani à la place du Marché. Rue aussi ancienne
que ces deux places.

Les tisserands ou tisseurs ont dû habiter là.
M. Pinard dit : « Il y a encore beaucoup de tisserands à Corbeil », on ne s'en douterait guère aujourd'hui.

Quoiqu'il en soit, cette rue étroite devait conve-
nir aux tisserands, qui aimaient à travailler dans
des pièces peu éclairées, si nous en jugeons par
ce que nous avons vu autrefois chez les tisserands
de villages, ces tisserands qui faisaient de la toile
avec le chanvre filé, au cours des veillées d'hiver,
tenues souvent dans les étables, où la chaleur des
animaux suffisait à remplacer le feu d'un poêle ou
d'une cheminée, dont on faisait ainsi l'économie.

Nous entendions un jour exprimer cette opinion — en présence de plusieurs personnes —
que la disparition de la petite industrie était fort
regrettable; que, généralement, le travail en commun rendaient les hommes raisonneurs, que-
relleurs, trop souvent mécontents de leur sort.

« Vous avez peut-être raison, dit un industriel

qui était là, mais que voulez-vous ! tout change. Il faut maintenant produire vite, beaucoup et à bon marché, parce que le producteur lui-même, lorsqu'il est acheteur, a toutes les prétentions de celui-ci ; d'ailleurs il serait impossible, vous en conviendrez, que l'ouvrier fasse chez lui des automobiles, de l'imprimerie, du papier, etc., etc. Un autre exemple : consultez là-dessus les entrepreneurs de charpente, ils vous diront tous : « que, depuis longtemps « déjà, ils n'ont plus *d'ouvriers tourneurs de mâts* « *de cocagne en chambre.* »

Cette boutade, en faisant rire tout le monde, mit fin à la conversation et *solut très bien le problesme*, selon l'expression de Rabelais.

— TRIPERIE —

Allant de la rue des Fossés à la Seine, en longeant l'ancien moulin de l'Arquebuse établi sur le ruisseau de ce nom, s'appelait autrefois chemin de la Seine à la porte Saint-Nicolas.

Peu éloignée de la rue de la Boucherie, aussi ancienne que celles de tout ce quartier, on y débitait peut-être, dit M. Pinard, des débris des bêtes qui se vendaient rue de la Boucherie, contiguë à la rue de la Triperie. Or, cette contiguïté n'est pas exacte puisque pour venir de la Boucherie à la Triperie il fallait, comme il faut encore, passer par les rues du Charbon-Blanc, du Collège,

couper la rue de l'Arche, suivre la rue de l'Arquebuse et en partie celle des Fossés.

En tout cas c'était une rue en mauvais état,
conduisant à la Seine, sous le pont de l'Arquebuse, et rendant peu de services. Par suite du
nivellement du quai Bourgoin, en 1904, ce pont
de bois de solidité incertaine a été supprimé. Le
sol de la rue a été élevé au niveau du quai, et on
a fait là des modifications dont on peut apprécier l'incontestable utilité.

— TROU-PATRIX —

Ancienne rue, toute petite, allant de la rue
Saint-Spire à la rue des Remparts.

D'où lui vient ce nom ? Ici, nous passons la
parole à M. Pinard :

« La tradition porte que là où aboutit cette
rue sur la rivière de Juisne existait autrefois un
trou profond qui servait de repaire à un monstre
à deux têtes, dont le brave comte Haimon aurait
débarrassé les habitants de Corbeil, dont il était la
terreur. C'est un de ces récits que la frayeur
accrédite et que l'ignorance adopte. Il est
commun à beaucoup de localités. Ce monstre
tant redouté a probablement dû son origine au
dragon fantastique représenté aux pieds de la
statue de notre comte, sur le tombeau qui lui a
été élevé au XVe siècle, dans l'église alors collé-

giale de Saint-Spire, dont il a été le fondateur. A
notre avis, ce symbole héraldique représente la
force et pas autre chose. »

C'est dans cette rue qu'était la salle de spectacles
appelé théâtre Martin. du nom de son propriétaire, aujourd'hui appartenant à M. Robard ; nous
avons eu déjà occasion d'en parler. Rappelons
pourtant que cette salle, inaugurée en 1819, fût la
seule fréquentée jusque vers 1865. Après 1870,
une seule représentation fût donnée, celle des
Cloches de Corneville, qui sonnèrent le glas de
ce théâtre, démoli longtemps après.

Nous l'avons connu vers 1860 : à cette époque,
tout Corbeil le fréquentait, M. le sous-préfet y
avait sa loge, et avec nous venait y applaudir,
depuis le vieux vaudeville *Bruno le Fileur*
jusqu'à la *Closerie des Genêts*. Il le fallait bien ;
il n'y avait pas alors de train de théâtre, et les
matinées Ballande étaient à peine créées. Assister
à une représentation théâtrale à Paris était un
luxe que peu de personnes pouvaient s'offrir ;
aussi le théâtre Martin était-il assez régulièrement
suivi ; son directeur était un homme adroit et
avisé, il savait s'attacher ses acteurs ; nous lui
en avons connus qui ont joué ici plusieurs années
de suite.

— LA TUILERIE —

Quartier de la Pêcherie : commence au quai de
la Pêcherie et finit à la rue des Fours-à-Chaux.

Son nom indique qu'une tuilerie y fut installée à côté des fours à chaux. C'est une voie très ancienne, puisqu'elle a été de tout temps le chemin le plus court de Corbeil au Perray.

Lorsque existait l'horlogerie Guerre et Ferret successeur, on l'appelait aussi rue de l'Horlogerie: quoi qu'il en soit, son nom officiel est actuellement rue de la Tuilerie.

VIEILLE-MONTAGNE-DE-SAINT-GERMAIN

Dans le faubourg, commence rue de Soisy pour aboutir au territoire de Saint-Germain, où elle rejoint la Nouvelle-Montagne.

C'était, avant la création de cette dernière, la seule voie par laquelle les voitures pouvaient de Saint-Germain-lès-Corbeil, de Lieusaint, Tigery et autres lieux, accéder à Corbeil. C'est donc une route aussi ancienne que notre ville et ces communes.

Cette vieille montagne était, comme elle l'est toujours, difficile, dangereuse même pour les voituriers, état de choses qui a pleinement justifié l'ouverture de la nouvelle route, aussi facile et aussi agréable que l'autre l'est peu.

C'est là qu'habita, jusqu'à la fin de ses jours, M. de La Rue, inspecteur des forêts en retraite, auteur de l'ouvrage *Sous Paris pendant l'invasion*, venu à Corbeil où il dut s'arrêter en septembre 1870.

Tous ceux qui ont connu l'aimable vieillard en
ont conservé le meilleur souvenir, non seulement à
cause des services qu'il rendit à la ville, de 1870-71,
par sa parfaite connaissance de la langue alle-
mande (il était ancien élève de l'école forestière
de Saxe), mais encore par le charme de sa conversation d'homme d'esprit accessible à tous. C'était
un plaisir en effet d'approcher ce galant homme
et de l'entendre parler de tout et de tous avec infi-
niment de tact.

C'était un écrivain fécond. En matière de chasse
il a écrit plusieurs livres et un nombre considérable
d'articles dans les journaux spéciaux.

— VIEUX-MARCHÉ —

Dans le faubourg, commence rue Saint-Léonard,
est coupée par la Nouvelle-Montagne de Saint-
Germain, puis reprend pour finir au territoire de
Saint-Germain-lès-Corbeil, à partir duquel elle se
continue en angle droit dans le vieux marché, ou
directement pour conduire à la pelouse du château.

Cette rue, ce *roidillon*, comme l'appelle
M. Pinard, est aussi ancien que Corbeil.

Le hameau du Vieux-Marché, dont le côté
droit, vers l'est, dépend de Saint-Pierre-du-Perray,
et le côté gauche de Saint-Germain, est, suivant
l'opinion admise, le berceau de notre ville. Saint-

Germain, en effet, s'appelait Saint-Germain-le-Vieux-Corbeil, et le Vieux-Marché en était la partie importante.

Corbeil, dit le même auteur, est certainement d'origine romaine et notre cité, comme la plupart de celles fondées à cette époque, le fut sur la colline, au lieu dit le Vieux-Marché, et il ajoute qu'il ne dira pas avec La Barre qu'elle fût détruite, mais plutôt qu'elle glissa sur la rive du fleuve.

Cette *glissade* est justifiée par la nature des choses. Evidemment les premiers habitants du Vieux-Marché, du vieux Corbeil, étaient instinctivement attirés vers les bords de la Seine, où ils devaient trouver un débouché plus facile pour l'écoulement de leurs produits. Les avantages naturels de la navigation, dispensant de faire des routes et des chemins, ayant été reconnus et appréciés dès l'enfance des peuples. D'ailleurs dans la suite des temps, le quartier de Corbeil, sur la rive droite, fût le plus commerçant ainsi que cela résulte des corps de métiers qui y étaient installés et dont il a été parlé.

— VIGIER (ET PASSAGE) —

Dans le quartier de la Prairie, allant de la rue de Champlouis à la rivière l'*Essonne* (rive gauche), que l'on traverse sur une passerelle. Ensuite, c'est le passage Vigier qui aboutit à la rue Saint-

Spire, passage devenu la propriété de la ville, il y a trois ans, lors des conventions avec la Société des Grands-Moulins.

M. le comte Vigier, député et pair de France sous le gouvernement de Louis-Philippe, en souvenir de qui cette rue a été dénommée, avait été propriétaire de l'ancien moulin de l'Arquebuse et du terrain du passage.

Le ruisseau de l'Arquebuse, longeant ce passage et se continuant jusqu'au moulin, est appelé à disparaître, comme a disparu le canal de la Boucherie, et pour les mêmes raisons. Ce projet, qui ne tardera pas à se réaliser, aura pour résultat, par le prolongement de la rue, d'établir des relations plus faciles entre le vieux quartier Saint-Spire et le jeune quartier de la Prairie.

— VILLEBOIS-MAREUIL. —

Voie nouvelle dans le quartier de la Prairie, allant de l'avenue du Président-Carnot à la rue du Champ-d'Epreuves, et qui fut d'abord dénommée rue de la Corderie. On a changé ce nom pour honorer la mémoire du colonel de Villebois-Mareuil, soldat français, qui est allé soutenir les Boërs dans leur lutte contre les Anglais, et qui là-bas a trouvé la mort sur le champ de bataille.

— WIDMER —

Dans le quartier de la Prairie, allant de la rue Oberkampf à la rue d'Alsace-Lorraine.

Ce nom lui a été attribué en souvenir de M. Philippe Widmer, beau-père et ex-associé de M. Ernest Feray, retiré à Corbeil, avenue de Chantemerle, en 1854.

M. Philippe Widmer ne pouvait être oublié ; associé à l'industrie de son gendre, il fut aussi son associé dans les services rendus à la population ouvrière de Corbeil et d'Essonne, où le nom de Widmer fut toujours synonyme de dévouement, comme les noms d'Oberkampf et de Feray.

Et, en effet, à côté et après M. Philippe Widmer, il y eut M. Emile Widmer, capitaine des pompiers d'Essonne, décoré comme tel, de la Légion d'honneur, en 1867. Ensuite, M. Emile Widmer présida, pendant un certain nombre d'années, les opérations de la Caisse d'épargne de notre arrondissement. Son fils, M. Henri Widmer commanda aussi les mêmes pompiers, avec le même grade, pendant un certain temps.

D'ailleurs, bien avant ces Messieurs, sous la Restauration, il y eut un Widmer, dont il importe de parler tout particulièrement.

A cette époque, il y avait seulement une compagnie de pompiers pour les deux villes de Corbeil et d'Essonne, le capitaine était M. Victor Widmer, ancien gérant de *l'Indienne*, pour le compte de M. Oberkampf; il demeurait à Corbeil, quai Bourgoin, maison Liborel, aujourd'hui à M. Lhoste.

Lors de l'explosion de la poudrerie établie rue de Gournay, dans l'endroit où exista ensuite un laminoir, et où est maintenant le Moulin-Neuf, poudrerie transférée au Bouchet, — le magasin, rempli de poudre, avait été épargné, mais précisément à cause de cela, c'était à qui ne se rendrait pas sur le lieu du sinistre, les pompiers eux-mêmes hésitaient ; redoutant aussi une autre catastrophe, ils ne répondirent pas à l'appel ordinaire.

Que fit le capitaine Victor Widmer ? Il s'arma d'une paire de pistolets, et alla requérir ses sapeurs, menaçant de brûler la cervelle à celui qui refuserait de marcher.

Cette attitude énergique eut un plein succès et valut au courageux capitaine la croix de la Légion d'honneur, distinction dont le gouvernement royal n'était pas prodigue.

Nous avons tenu à rappeler cet oubli de leur devoir par des pompiers, parce qu'il nous fournit l'occasion bien agréable de dire qu'il a été unique.

Des pompiers refusant de se rendre à un incendie sous prétexte de danger à courir,... c'est une chose tellement invraisemblable, à notre époque, qu'il ne viendrait à l'idée de personne d'y songer. Soyons justes : en général, les populations ne marchandent pas non plus leur dévouement en cette sinistre circonstance, car, instinctivement, et avant que les économistes nous aient démontré combien il est faux (en dehors du danger que peuvent courir les personnes) de prétendre qu'il n'y a pas de mal lorsque tout est assuré, l'incendie inspirait, comme aujourd'hui, une horreur profonde, si profonde que dans notre ancienne législation la seule menace de ce fléau était punie de la peine capitale (arrêt du parlement de Paris, du 6 juillet 1709, rendu contre un habitant de la banlieue parisienne).

Heureusement les mœurs se sont améliorées à ce point, qu'on peut avancer que dans notre belle contrée le crime d'incendie a disparu ; mais si le crime a disparu, le fléau est resté, et il restera, parce qu'il y aura toujours des imprudences, des imprévoyances, parce que même il se produira toujours de ces circonstances contre lesquelles il est impossible à l'homme de se mettre en garde.

C'est pour cela que l'institution des pompiers mérite l'intérêt et la sympathie du public, parce qu'au surplus ceux qui acceptent d'en faire partie, ne cessent de s'en rendre dignes par un zèle et un dévouement absolument sans bornes.

Disons pour finir que l'établissement des pompes en France, remonterait à l'année 1699; il y en aurait eu dix-sept à Paris, et il est fait mention d'une à Corbeil au commencement du XIXᵉ siècle.

Dans l'ancienne Rome, il y eut aussi des officiers particuliers, destinés au service des incendies. Ils avaient le nom d'*Ediles d'incendies*, puis ensuite ils furent remplacés par le *commandant du guet*. Car là, également, l'incendie était un objet d'effroi. Aussi les Romains avaient-ils pris le parti d'isoler leurs maisons, en laissant entre elles, un espace suffisant pour les mettre à l'abri des inconvénients du voisinage. C'est ce qui explique que les maisons de la ville de Rome prenaient le nom d'îles (*insulæ*).

N'oublions pas de rappeler que le musée Saint-Jean, ouvert le dimanche dans l'après-midi (ancienne église des chevaliers Saint-Jean) est dans la rue Widmer tout près de la rue Feray, à gauche en allant vers Essonne, et en face de la rue de la Commanderie.

Et mentionnons enfin que nous apprenons, au dernier moment, par M. Le Paire, que l'explosion dont nous parlons ci-dessus de la Poudrerie d'Essonne a eu lieu le 17 novembre 1820, et que ce fut la quatorzième en moins d'un siècle, ce qui détermina le gouvernement à transférer cet établissement au Bouchet.

N.-B. — Il y a dans Corbeil plusieurs autres rues ouvertes, mais ces voies n'appartenant pas à la ville, il ne peut, quant à présent, en être fait état. Nous n'avons fait exception que pour la rue Neuve-Notre-Dame, parce que cette rue, quoique privée, a toutes les apparences des autres voies publiques, dans le centre desquelles elle se trouve, et qu'elle est dans un endroit très passager.

TABLE DES MATIÈRES

www.ingramcontent.com/pod-product-compliance
Ingram Content Group UK Ltd.
Pitfield, Milton Keynes, MK11 3LW, UK
UKHW022348090726
13658UKWH00002B/538